내일의 내가 하겠지

내일의 내가 하겠지

초판 1쇄 발행 2018년 10월 25일

지은이 차희연
펴낸이 이지은
펴낸곳 팜파스
책임편집 이은규
디자인 어나더페이퍼
마케팅 정우룡, 김서희
인쇄 (주)미광원색사

출판등록 2002년 12월 30일 제10-2536호
주소 서울특별시 마포구 어울마당로5길 18 팜파스빌딩 2층
대표전화 02-335-3681 팩스 02-335-3743
홈페이지 www.pampasbook.com | blog.naver.com/pampasbook
페이스북 www.facebook.com/pampasbook2018
인스타그램 www.instagram.com/pampasbook
이메일 pampas@pampasbook.com

값 12,800원
ISBN 979-11-7026-222-0 (03180)

이 도서의 국립중앙도서관 출판예정도서목록(CIP)은 서지정보유통지원시스템 홈페이지(http://seoji.nl.go.kr)와 국가자료공동목록시스템(http://www.nl.go.kr/kolisnet)에서 이용하실 수 있습니다.(CIP제어번호: CIP2018031505)

내일의 내가 하겠지

무기력한 직장인을 위한 심리 보고서

차희연 지음

팜파스

'이불 밖은 위험해'라는 말은 이제 일상어가 되었다. SNS 나 친구들 사이에서 '귀찮다'는 말 대신 이 말로 에둘러 표현 하는데, 진짜 이불 밖이 위험한 것처럼 너무나 많은 사람이 이불에서 나오지 않고 있다. 아무것도 하지 않고 집에 있으면 서 침대와 한 몸이 되어서 시간을 보내고 싶어 한다. 그저 '쉬 고 싶다'는 의미에서 더 나아가 기본적인 사회생활을 위해 필요한 기본적인 것들-제때 식사를 하는 것, 씻는 것, 친구 를 만나는 것까지-조차도 적극적으로 하기 싫어하고 있다.

회사에 처음 출근했을 때를 상상해 보자. 누가 시키지도 않았는데, 가장 먼저 출근해서 쓸고 닦고 청소하고 업무 준비를 했다. 지금은 제 시간에 맞춰 출근하기에도 바쁘다. 처음에는 단순히 눈뜨는 것만 힘들었는데, 시간이 갈수록 몸을 일으키는 것도 귀찮고, 씻는 것, 화장하는 것, 세련되게 갖춰 입는 것 모두가 귀찮다. 그 계기가 무엇인지 모르겠지만 언젠가부터 하나씩 미루거나, 삭제할 수 있으면 삭제하기 시작했다.

늘 모든 일이 귀찮은 것은 아니다. 그 모든 것을 미루거나 없애는 것도 아니다. 어떤 일은 귀찮기도 하지만 어떤 일은 열정을 갖고 있기도 하고, 어떤 시기에는 열심히 살다가도 한순간 무기력해지기도 한다. 아주 사소한 것에서 귀찮음을 느끼고 미루던 것들이 어느 순간 삶의 대부분을 차지해서 해야 할 일 대부분이 결국 귀찮은 일이 되어버리기도 한다.

'귀차니즘'은
어디서 왔을까?

'귀찮다'는 의미를 담은 말과 행동을 통칭해서 '귀차니즘'이라고 말할 수 있다. '귀찮-'에 '-ism'을 붙인 말로 '귀찮음주의' 혹은 '귀찮은 행동과 상태'를 의미한다. 이런 귀차니즘을 에둘러서 '이불 밖은 위험해'라고 표현한다.

우리가 경험하는 귀차니즘은 아주 작게는 그저 귀찮음을 자주 느끼는 자신의 성격 때문일 수도 있고, 최근에 너무 바빠서 휴식을 취해야 하는 상태를 나타내는 것일 수도 있다. 자신은 충분히 잘하고 있는데 혼자 불안감을 느끼는 경우도 있고, 열심히 노력해도 더 이상 노력한 만큼의 성과와 보상을 얻을 수 없는 사회적인 구조 때문일 수도 있다. 자신이 아무리 최선을 다한다고 하더라도 변하지 않는 상황 때문에 무기력해질 수도 있는 것이다. 우리는 '귀찮다'라고 단순하게 말했지만, 그 말 속에는 개인의 특성부터 다양한 상황적·사회적 맥락에 따라 재해석이 되어야 하는 것들이 담겨 있다.

잠시 왔다가 지나가는 귀차니즘이라면 다행이다. 문제는

귀차니즘이 우리 삶의 태도가 되어 가고 있다는 사실이다. 우리 사회는 늘 움직이고 변화한다. 귀차니즘 때문에 가만히 서 있으면 그 시간에 밀려 우리도 뒤처지기 마련이다. 그래서 많은 이들이 귀찮음부터 무기력, 번아웃 등을 검색하고, 자가 진단하며, 벗어나길 원한다. 어떻게 해야 이 귀차니즘을 고칠 수 있을지 궁금해한다. 그러나 당장 이 증상을 고치고 개선을 하는 것보다 더 중요한 것은 그 근원이 무엇인지를 아는 것이다. 원인 분석이 제대로 되지 않으면 아무리 좋은 해결책이 많더라도 실행할 수 없고, 좋아 보이는 해결책이 자신에겐 도움이 되지 않을 수도 있기 때문이다.

직장 상사가 변하지 않는데, 무엇을 할 수 있을까?!

한 인간이 보여주는 행동과 태도에는 다 이유가 있다. 자신이 해야 하는 일을 미루거나 불필요한 곳에 에너지를 사용하지 않으려고 하는 '현상'에도 여러 가지 이유가 있다. 이를 세 가지 측면에서 살펴볼 수 있다. 첫 번째는 생각, 신념,

가치관, 지식 등으로 이뤄진 인지적인 부분에서 비롯된 현상으로 볼 수 있다. 두 번째는 대상에 대한 감정과 그 감정에서 출발한 대상에 대한 평가 때문에 그러한 행동을 할 수도 있다. 세 번째는 자신이 동일한 행동을 보여주고자 하는 행동 일관성에서도 비롯될 수 있다.

사람들은 자신이 생각하고 느낀 것에 맞춰서 일관적인 행동을 하려고 한다. 물론 자기 생각과 느낌에 언제나 일치하는 행동을 하는 것은 아니지만, 대부분의 경우 일관된 행동을 하려고 한다. 매번 '귀찮다'는 이유로 직장에서 일을 미루는 사람이 집에서도 사소한 일을 미루면서, 일관된 사람으로 스스로 정의내리는 것이다. 사회 심리학자 레온 페스팅거Leon Festinger는 사람들이 자신의 생각과 감정에 일치하는 행동을 함으로써 조화로운 인지적인 상태를 유지하려는 마음을 '인지 부조화 이론¹'으로 정리한 바 있다. 한번 만들어진 태도는 일관성을 유지하려는 무의식적인 동기 때문에 꽤 오랫동안 유지된다. 아주 작고 사소한 계기 때문에 시작된 귀차니즘은 점점 자신의 삶 전반으로 퍼져서 삶의 매순간을 재미없는 시간으로 만든다. 습관적인 생각, 감정, 행동으로 인해 하루하루 그저 그런 나날을 보내는 악순환의 고리에

5단계
정체성
(나는 누구인가?)

4단계
신념
(내가 믿고 있는 사고방식,
가치관, 좌우명)

3단계
능력
(나의 능력치)

2단계
행동
(행동, 결과)

1단계
환경
(사는 곳, 만나는 사람)

갇히는 것이다.

　사람은 누구나 자신만의 논리의 흐름에 따라 행동한다. 행동 변화 트레이너, 코치, 조직 컨설턴트로 세계적인 명성을 얻고 있는 로버츠 딜츠Robert Dilts는 변화를 이끌어 내기 위해서 신경 논리적 수준Neurological Level에 대해 설명했다.

신경 논리적 수준은 총 5단계로, 피라미드 모양의 그래프로 살펴볼 수 있다. 그중 가장 높은 곳에 위치한 '정체성' 단계를 변화의 첫걸음으로 꼽는다.

피라미드 모양의 그래프에서 가장 낮고 넓은 곳이 바로 1단계인 '환경'이다. 권위적인 상사 때문에, 성향이 다른 동기들 때문에, 적은 월급 때문에, 사내 복지 체계가 잘 갖추어 지지 않아서 등등 직장인들을 괴롭히는 환경은 너무나 많다. 그러나 일이 즐겁지 않은 이유가 정말 환경 때문일까? 하위 단계인 1단계를 변화시키고 싶다면 1단계의 원인인 2단계를 변화시켜야 한다. 2단계는 '행동'이다. 자신이 직장에서 인정을 받지 못하고 있다면, 이를 바꿀 수 있도록 노력을 하는 단계가 바로 행동 단계이다. 공부를 못하는 아이는 공부를 하면 되고, 노래를 못하는 사람은 노래 연습을 하면 된다. 공부를 하지 않거나 노래 연습을 하지 않는 이유는 3단계가 원인이기 때문이다. 3단계는 '능력' 단계이다. 인간은 자신이 못하는 일을 반복하면 결국에는 잘 하도록 시스템화 되어 있다. 이것을 뇌 과학에서 '신경가소성'이라고 한다. 자신이 잘 못하는 것이 있으면 반복적으로 자주 생각을 하거나 행동을 하면 그 능력은 높아진다. 4단계는 '신념'이다. 자신의 능력이 높아지면 '나는 일을 잘 하는 사람'으로 신념이 형성이 된다. 신념은 매우 중요하다. 자신의 신념대로 자신을 규정하기 때문이다.

5단계가 가장 중요한 '정체성' 단계이다. 전문가의 정체성을 갖고 있는 사람과 평사원의 정체성을 갖고 있는 사람은 다르다. 5단계인 정체성에 따라서 1, 2, 3, 4단계와 관련된 모든 행동과 생각은 재조정된다. 부모로서의 정체성을 갖고 가정으로 돌아가면 부모의 행동을 하고 명절에 자식이라는 정체성을 갖고 부모님께 가면 자식으로서의 행동과 생각을 하게 된다.

직장인들과 이야기를 나누다 보면 '직장 상사가 변하지 않는데 내가 할 수 있는 것이 무엇입니까?'라고 말하는 사람을 흔히 볼 수 있다. 많은 직장인들이 회사를 다니면서 좌절하는 부분이기도 하다. 언어폭력이 일상인 직장 상사, 무시하는 직장 상사 등 아무리 직장이 좋아도, 성과를 내고 싶어도 이런 직장 상사가 있는 환경에서는 도저히 성과가 나지 않는다고 말한다. 우리나라 직장의 환경을 너무 모르는 것 아니냐고 항변하기도 한다.

그러나 어쩌면 우리가 느끼고 있는 것보다 할 수 있는 것이 더 많은 곳이 바로 직장일지도 모른다. 부하 직원은 직장 상사를 바꿀 수 없다고 생각한다. 하지만 직장 상사의 위치에 있어 보면 생각은 달라진다. 상사의 입장에서는 부하 직원이 누구인지에 따라서 행동이 미묘하게 달라진다. 내가 바뀌면 자연히 주변 환경도 바뀐다. 귀차니즘이 한 개인의 성격이나 태도에서만 비롯된 것이 아니지만, 결국 귀차니즘에서 벗어나려면 나 자신부터 달라져야 한다는 의미이다.

귀차니즘 벗어나 행복해지는 길은 자신만이 안다

귀차니즘은 복잡하다. 그렇기 때문에 귀차니즘에서 벗어날 수 있는 맞춤 솔루션은 이 세상에 없다. 다만 자신의 행동에 담긴 심리학적인 측면을 이해하면 자신의 행동을 객관화해서 보고, 그 원인과 자신의 무의식적인 동기를 스스로 파악할 수 있기 때문에 결국 자신에게 적합한 방법을 찾아 문제를 개선할 수 있다. 이 책은 이러한 과정을 시작하기 위해 첫걸음을 내딛는 사람들을 위한 것이다. 특히 귀차니즘의

대가라고 하기엔 너무나 큰 책임과 피해를 입는 직장인들에게 건네는 위로이기도 하다.

Part 1, Part 2에서는 직장에서 흔히 볼 수 있는 귀차니즘의 증상과 그 속에 담긴 심리를 살펴보았다. 그리고 결국 그런 행동을 유발하는 귀차니즘은 무기력의 또 다른 말이기도 하고, 그저 그 자리에 멈춰 선 지연 행동이기도 한 사실에 기반해 귀차니즘의 원인을 분석했다. 남 일 같지 않은 직장인들의 사연에 자신을 대입하다 보면, 자신과 타인의 말과 행동, 감정, 생각 등을 이해할 수 있을 것이다.

Part 3에서는 귀차니즘에서 벗어날 수 있는 방법들을 제시했다. 우선은 쉬어야 한다. 쉬면서 지금 당신의 삶이 어디쯤 도착해 있는지 돌아보자. 몸과 마음이 너무 힘들고 피곤해서 보이지 않던 것들이 '진짜 휴식'을 통해 점점 드러날 것이다. 그때 객관적으로 자신의 현재 위치를 확인해 보라. 자신이 가려는 종착지까지 가기 위해서 적당한 시간, 장소, 위치에 도착해 있는지 확인해 보는 것이다. 종착지와 현재 위치를 알면 앞으로 얼마나 가야 할지 가늠할 수 있다. 그 길을 보며 자신의 마음에 또 한 번 열정을 불러일으키고 다시 출발해 보자. 종착지까지 가기로 마음먹었다면 그 과정은 최

대한 행복해야 하지 않겠는가. 행복한 삶을 위해서 어떤 과정을 통해 어느 방향으로 가야하는지 결정하는 데 도움이 될 만한 내용도 담으려 노력했다. 가이드를 제시하고 있지만 결국 열정을 불러일으키고, 행복하게 하는 구체적인 대상은 스스로 찾아야 한다. 자신이 행복해지는 과정은 본인이 가장 잘 알고 있다는 진리를 경험하게 될 것이다.

목
차

Part 1

회사만 가면 나는 왜

Part 2

귀찮다고 말하지만,
사실 당신은

Part 3

귀차니즘을 이기는
지속가능한 삶을 위한 기술

회사만 가면 나는 왜

내일의
내가
하겠지

왜 일하기
거찮을까?

올해로 입사 3년차. 사람들은 이제 한창 일할 때라고 말하지만,

전… 그냥 너무 무기력합니다. 기운도 없고, 하루하루 재미도 없고,

사는 게 다 부질없는 것 같고, 사람한테 기대하는 것도 없고…….

예전에는 이런 사람이 아니었어요. 나름대로 참 열심히 살았어요.

목표가 있고, 그 목표를 이루면서 성취감도 많이 느꼈어요. 입사

초기에는 이 일, 저 일 경험해 볼 수 있었는데, 낯선 일도 재밌게 해

냈습니다. 동료들과 함께 무언가를 일궈 나가는 느낌이 좋았고, 목

표를 달성하면 그렇게 뿌듯할 수가 없었습니다. 열심히 일하고 마

시는 맥주 한 잔과 동료들과의 수다도 회사 생활의 큰 즐거움 중

하나였지요. 어느 면에서나 동료들보다 뒤처진다는 생각이 들면,

퇴근 후에 바로 학원으로 달려가 공부도 했습니다. 나중에 어떻게 든 다 도움이 될 것이라는 생각에 이것저것 열심히 배웠어요.

그런데 갑자기 모든 게 다 싫어졌습니다. 처음 입사할 때의 설렘, 목돈이 쌓인 통장을 보며 느꼈던 뿌듯함, 취미 생활을 하며 얻은 흥겨움 등 그 모든 것들이 다 의미 없이 느껴집니다. 그래서 그런 지 일이 너무 귀찮고, 하기 싫습니다.

나이 들어 어른이 되었는데 밥벌이는 해야 하니까 직장에 다닙니다. 좋은 배경을 가진 덕분에 취직은 쉬웠습니다. 하지만 막상 일해 보니 어느새 저보다 학벌이 한참 떨어지는 상사 밑에서 구박을 받으면서 일하고 있더군요. 따져 보면 부당한 구박은 아니에요. 그래서 더 씁쓸합니다. 공부도 많이 했는데, 모자란 제가 싫고 앞으로 어떻게 해야 성장할 수 있는지도 모르겠습니다. 아니, 성장하기도 귀찮습니다. 개선의 의지가 생긴다기보다는 타성에 빠집니다. 그냥 어떤 일이든 하기 싫습니다. 지금은 일정 때문에, 동료들 때문에, 떠밀려서 간신히 일하고 있습니다. 일하기가 귀찮으니, 늘 해오던 일은 미룰 궁리, 새로운 일은 피할 궁리만 합니다. 너무 일이 하기 귀찮아서, 퇴사할까 하는 생각까지 들어요.

직장에 다니다 보면 무기력에 빠질 때가 있다. 물론 늘 일이 재미있거나 직장 생활이 즐거울 수는 없는 법이다. 그러나 무기력해서 업무 능력이 떨어지는 것 같다면 그것은 또 다른 문제다. 실제로 직장인의 10명 중 7명은 회사에 출근만 하면 무기력하고 우울한 '회사 우울증'에 시달린 경험이 있다. 취업 관련 사이트 잡코리아가 2017년 11월 남녀 직장인 910명을 대상으로 '회사 우울증'에 대해 설문조사를 했다. '회사 우울증에 시달린 경험이 있느냐'는 질문에 '예'라고 답한 응답자는 68.8%였다.

불확실한 미래 때문에
불안하다

직장인들이 회사 우울증에 시달리는 이유는 다양하다. 그중 '나 자신의 미래에 대한 불확실한 비전'을 원인으로 꼽은 직장인이 58.1%로 가장 많았다. 이 외에는 회사에 대한 불확실한 비전(42.5%), 과도한 업무량(25.6%), 업적 성과에 따라 이뤄지지 않는 임금 인상(20.8%), 조직에서 모호한 내 위치(20.4%), 다른 회사에 비해 뒤떨어진 복리후생(17.1%),

상사와의 관계(16.0%), 회사 생활로 인해 나빠진 건강 상태 (12.1%), 업무에 대한 책임감(11.2%) 등이 있었다. 첫 번째 이유가 자신의 미래에 대한 불확실한 전망, 두 번째 이유가 회사에 대한 불확실한 전망이라는 것에서 추측해 볼 수 있듯 많은 직장인들은 '불확실함' 때문에 힘들다.

'불확실한 비전'이라는 평가는 왜 나온 것일까? 자신이 다니고 있는 회사의 규모가 작기 때문일까? 자신의 역량을 키워주지 못하기 때문일까? 중소기업에 다니는 직장인 중 '회사 우울증에 시달린 경험이 있다'고 답한 응답자는 70.4%였고, 외국계 기업 69.7%, 대기업 66.7%, 공기업 47.9% 순이었다. 회사의 규모가 작을수록 회사 우울증을 겪은 사람의 비율이 높긴 하지만, 비교적 분위기가 자유로운 외국계 기업의 직장인들도 무기력과 우울증을 겪고 있다는 사실에 주목할 필요가 있다.

또한 직급별로는 주임·대리급이 76.6%로 가장 높았으며, 사원급 67.8%, 과·차장급 65.6%, 부장·임원급 60.6% 순으로, 회사 내 직급이 높을수록 회사 우울증을 겪은 사람의 비율이 상대적으로 낮았다. 사원 직급에서 대리 직급까지 실무를 맡고 있는 직책이 가장 높은 비율로 회사 우울증에 시달리고 있다.

이와 관련된 연구로 런던 대학교University of London에서 진행된 '화이트홀Whitehall 연구'를 살펴볼 수 있다. 이 연구는 직원의 급여 수준이 직원들의 건강에 미치는 결과를 1967년도부터 20~64세의 영국 공무원 1만 명 이상을 대상으로 수십 년에 걸쳐 조사했다. 그 결과 급여가 낮은 사람이 높은 사람에 비해 심장병으로 사망할 가능성이 두 배가 높았다. 공무원뿐만 아니라 의사나 변호사, 전문직을 대상으로 한 연구에서도 상대적으로 계급이 낮은 사람들이 상사에 비해 사망할 위험이 높았다. 직장 내 다른 사람이 업무를 통제한 결과 자신의 의지대로 일할 수 없을 때 그 사람의 혈압이 더 상승했다.

결론적으로 사람들은 자신의 업무에 대한 통제권과 선택권이 얼마나 있는지에 따라서 스트레스를 받는 정도가 다르다. 같은 스트레스 강도라도 직장 상사보다 부하 직원이 스트레스를 더 높게 지각한다. 직급이 낮은 사람들이 자신의 업무에 관해 직장 상사의 통제를 많이 받기 때문이다. 소득과 스트레스의 연관성은 업무에 대한 통제력이 낮을수록 직급이 낮고, 직급이 낮은 직원일수록 소득도 적기 때문에 나타난 결과이다.

'통제할 수 없다'는 믿음이
무기력을 만든다

1965년에 코넬 대학교Cornell University의 심리학자 마틴 셀리그먼Martin Seligman은 실험을 했다. 한 쌍의 개를 각각 흰색이 칠해진 칸막이로 데려가서 고무로 만든 끈으로 묶어놓았다. 실험을 위해 이들은 무해한 전기 충격을 주기적으로 받았다. 한 공간에는 개가 머리로 옆면을 누르면 충격을 멈출 수 있었지만 다른 한 공간에는 전기를 멈출 방법이 없었다. 전기 충격은 두 마리에게 동시에 가해졌고, 전기를 멈출 수 있는 방에 갇힌 개가 옆면을 누르면 두 마리 모두 전기 충격에서 벗어날 수 있었다. 전기를 멈출 수 있는 개는 곧 전기 충격을 멈출 방법을 인지했다. 그러나 전기를 멈출 방법이 없었던 개는 겁을 내면서 끙끙거리기 시작했다. 이 반응은 우울과 불안의 징후로, 실험이 끝나도 한동안 지속되었다.

이들을 데리고 두 번째 실험이 진행되었다. 실험 공간 바닥에는 전기가 흐르고 있었지만, 개들이 충분히 뛰어넘을 수 있도록 벽은 낮았다. 첫 번째 실험에서 옆면을 눌러 전기 충격을 멈출 수 있었던 개는 벽을 뛰어넘어서 전류를 피하는 요령을 금방 터득했다. 그러나 전기 충격을 멈출 수 없었던 개는 벽을 뛰어넘지 못하고 바닥에 웅크리고 낑낑거리면서 탈출하려는 시도조차 하지 않았다. 벽을 뛰어넘는 다른 개를 보면서도 벽을 뛰어넘지 못했다.

전기 충격을 멈추지 못하고, 결국 벽도 뛰어넘지 못한 개는 '학습된 무기력'을 보여 주고 있다. 이는 아무리 노력해도 성공할 수 없을 것이라고 느끼는 것이다. 실험 속 개처럼 학습된 무기력한 상태에 있는 사람은 좌절의 순간을 극복하려고 노력하지 않고 포기한다. 극복하려고 몇 번 노력을 해 봤지만 결국은 별반 다르지 않았다는 사실을 경험했기 때문에 지레짐작하고 포기해 버린다. 내일에 대한 희망과 낙관성이 없으면 삶의 의미를 찾지 못하고 학습된 무기력을 지속적으로 겪는다. 무기력감이 지속되면 우울해지고, 이는 또다시 미래에 대한 희망이 없다는 느낌을 주기 때문에 결국 좌절을 극복하기 어렵다.

사람들은 자신의 일이나 삶에서 무기력을 느끼면 경쟁을 해야 하는 상황에서도 바로 포기하는 경향이 있다.[2] 자신의 삶에서 도전을 해야 할 때 도전하지 않고 포기하거나 더 높은 목표를 설정하지 않는다. 강요를 받고 타인의 통제를 받는 사람은 조직 내에서 달성하려고 생각했던 자신의 목표나 포부에 대해서 무감각해지거나 무뎌지게 된다.[3] 타인의 통제를 받는 사람은 스스로 동기를 유발하는 능력을 잃는다.

무기력한 직장인들의 모습은 각기 다르다. 어떤 사람은 자신이 맡은 업무 자체에 애초부터 흥미를 갖지 못하기도 하고, 또 다른 사람은 일이 너무 쉽거나 어렵기 때문에 일에 대한 재미를 느끼지 못하기도 한다. 상사와 관계가 안 좋을 때나 단조로운 회사 분위기에 우울증을 느끼기도 한다. 이렇게 회사에서 무기력하고 우울한 사람들은 퇴근 후나, 주말에는 생생해지기도 하는데, 주목할 점은 그러한 시간도 회사 우울증에 영향을 끼칠 수 있다는 사실이다. 이런 사람들은 회사 밖에 있는 시간을 통해 자신의 삶 전체가 무기력한 것이 아니라 특정한 장소나 상황에서 귀찮음이나 무기력감을 느낀다는 것을 실감한다. 그 특정한 무언가가 자신의 관심과 흥미의 분야가 아니라는 것을 분명히 인지하는 것이다. 결국 직장에서 자신의 일이 무의미하다고 느껴지고 지루해져서 더욱 일에 몰입할 수 없다.

앞선 설문조사, 연구 결과에 비추어서 직급이 높아져서

통제권과 선택권을 갖게 되면 회사 우울증에서 벗어날 수 있을까? 우리가 회사에서 느끼는 무기력감은 직급이나 회사의 근무 조건과 같은 외부 요인으로만 좌우되는 것이 아니다. 직급이 높아졌다고 할지라도 통제할 수 없는 일이 세상에는 더 많다. 삶에서 겪는 수없이 많은 부정적인 일들을 자신이 통제할 수 없다고 지각하는 사람은 통제할 수 있다고 믿는 사람보다 우울증에 걸릴 위험이 더 높다.[4] 인간의 무기력과 열정에 영향을 미치는 것은 자신이 실제로 갖고 있는 권한이 아니라 스스로 통제할 수 있다고 생각하는 믿음이다. 통제할 수 없어 보이는 상황에서 통제력을 주장하기만 해도 자신의 건강과 행복을 향상할 수 있다.

내일도 오늘과 비슷하고 그다지 큰 발전이 없을 것 같으면 아무것도 하기 싫어진다. 지금 아무리 힘들고 어려워도 내일이 희망적이라고 느끼면 더 힘을 내고 행복할 수 있다. 최악의 상황을 극복할 수 있게 하는 힘이 바로 내일에 대한 희망이다. 희망은 노력의 결과가 좋을 것이라고, 자신의 삶이 원하는 대로 잘 풀릴 것이라는 기대이다. 이러한 희망이 있을 때 더 노력하고 인내하고 더욱 몰입할 수 있다. 그 순간 회사 우울증에서도 벗어날 수 있을 것이다.

일은 많은데,
왜 아무 생각이 나지 않을까?

일이 너무 많습니다. 더 큰 문제는 그 많은 일들을 계속 미루고 있다는 것입니다. 이렇게 일이 많을 때는 저도 모르게 미루고 있더라고요. 결국 일을 하지 못했다는 죄책감과 앞으로의 일정이 걱정돼서 집으로 일을 들고 가기도 해요. 그렇게 들고 가서 일하겠다고 마음만 먹고는 막상 집에 가면 하지 않아요.

머릿속으로는 계속 일을 해야겠다는 생각만하고 실제로는 TV를 보거나 휴대폰으로 게임을 합니다. 머릿속이 복잡해서 생각을 정리해야 한다고 합리화하기도 해요. 사실은 정리는커녕 아무 생각도 하지 않습니다. 게임이나 TV 보는 데 너무 집중한 나머지 멍 해질 때도 많아요.

문제는 사무실 책상에 앉아도 마찬가지라는 점이에요. 무엇부터 해야 할지 모르겠고, 아무 생각이 나지 않아요. 일을 하려고 앉기만 하면 머릿속이 하얘지는 느낌이에요. 막상 일을 시작하면 무엇을, 어떻게 해야 할지 몰라서 그런지 눈앞이 깜깜해지는 기분이기도 하고요. 처음 해 보는 업무도 아닌데, 너무 일이 많으니까 머리가 멈춰버린 것 같아요.

일을 미루거나 미적거리는 사람을 보고 우리는 흔히 그 사람의 성격이 느긋하거나 게으르기 때문에 마감 기한이 임박해서야 일을 한다고 여긴다. 그러나 사실 그 사람은 일을 시작하기 전부터 이미 머릿속에서 그 일을 수십, 수백 번 하고 있다. '무엇부터 해야 하지?', '무엇이 필요하지?', '지금 잘 하고 있나?', '어떻게 해야 하지?' 등 자문하며 엄청난 스트레스에 시달리고 있다. 그리고 그 일을 제대로 해내지 못할까 봐 두려움에 떨고, 일에 대해서 과도하게 걱정하면서 긴장한 상태로 '누워서 생각하고 있다'. 마감 시간 전까지 해놓은 일은 없으면서 새로운 업무를 받게 된다. 결국 더해진 부담감에 새 업무까지 미루기 때문에 직장 상사 입장에서 일을 미루는 직원은 무능한 직원이나 다름없다.

잘 해내지 못할까 봐
불안하다

업무를 미루는 이유는 단순히 귀찮음의 문제가 아니다. 자신이 그 일을 제대로 해내지 못할 것이라는 두려움, 자신감 부족과 관련이 있다. 자신의 업무를 진행하는 데 확신이 있고, 일을 제대로 수행할 수 있는 능력이 있으면 미룰 필요가 없다. 아이는 시험을 잘 치른 것 같으면 성적표가 나오기 전부터 부모에게 시험을 잘 본 것 같다고 말하곤 한다. 즉, 결과가 좋을 것 같으면 미리 보고를 한다는 의미이다. 반면 업무를 다 끝내지 못했거나 성과가 좋지 않을 것 같은 상황에서는 보고도 미루게 된다. 결국 업무 결과도 좋지 않은데, 보고까지 늦게 해서 두고두고 무능한 사람으로 낙인찍히고 만다.

행동을 지연하는 사람들은 낮은 통제감과 자아 효능감 때문에 더 많은 스트레스를 경험한다. 과제를 완료한 후 실패에 대한 타인의 부정적 반응은 지속적으로 스트레스를 유발하며, 일을 미루는 지연 성향이 높은 사람은 실패를 예견하고 일상의 여러 영역에서 발생하는 문제에 대해 미리 걱정을 하기 때문에 스트레스 수치가 매우 높다.[5] 또한 해야 할 업무를 미루는 사람들은 시간을 관리하는 것도 힘들어 하기 때문에 시간을 낭비하게 되고, 시간의 낭비는 다시 스트레스에 영향을 미치게 된다. 업무 면에서도, 시간 관리 면에서도 직장 상사나 동료들에게 좋은 피드백을 받지 못하기 때문에 스스로 사회생활에 적응하지 못하기도 한다.[6]

미루는 것도
중독이 될 수 있다

이런 악순환은 업무 능력뿐만 아니라 그 사람의 건강에도 좋지 않은 영향을 미친다. 자신이 해야 할 일을 미루는 과정에서 아드레날린Adrenaline과 코르티솔Cortisol이 분비되면서 뇌에 나쁜 영향을 미친다. 미루는 습관에서 분비되는 코르티솔은 기억을 담당하는 해마의 신경 세포를 위축시키기 때문에 기억력을 감퇴시키고 우울증도 유발할 수 있다.[7]

지속적으로 압박을 받다 보면 신체는 위기 상황이라고 인식한다. 스트레스로 인해서 교감 신경계의 활성도가 증가하기 때문에 신경계는 평상시보다 더 긴장한다. 이에 따라 뇌도 자연스럽게 각성하면서 고도의 집중력을 발휘하는데, 이로 인해 사람들은 과도한 긴장감과 압박감을 느끼는 상황에서 더 좋은 아이디어나 방법이 나온다고 생각하기도 한다.

일을 미루다가 급하게 마치면 성취감과 만족감을 느끼면서 과하게 긴장하고 스트레스 받았던 것이 일시에 해소되는 기분이 든다. 지연 행동을 하는 사람들 중 일부는 벼락치기 수행의 추진감, 극도의 긴장 후 찾아 오는 이완감, 성취감, 만족감 등을 경험한다. 마감 직전에 자신의 일을 완료하고 나면 뇌의 측좌핵에서 도파민Dopamin이 분비되는데, 도파민은 중독 행동에 관여하는 신경 전달 물질이다. 이는 만성 지연 행동이 단순한 늦장이나 게으름이 아닌 중독 현상일 가능성을 시사한다. 실제로 일부 사례에서 극도로 각성된 최종 순간의 노력, 아슬아슬한 과제 완료, 깊은 안도감으로 이어지는 지연의 순환에 중독된 듯한 결과를 보였다.[8] **우리의 뇌는 이런 쾌감과 함께 수행의 효율성을 기억해서 일을 미루고 벼락치기 하는 행동을 반복하게 만든다.**

일을 미루는 것도 습관이자 중독이다. 일을 잘해내기 위해서 여러 방법을 찾고 그 결과를 예측하며 열심히 일하고 있다고 말하지만 결국 다른 사람이 보는 당신의 모습은 아무엇도 안 하고 있는 상태일 수도 있다. 힘은 힘대로 빠지고, 결과는 결과대로 나지 않는 상황에서 자신은 자각하지 못하지만 뇌만 아는 쾌락이 있다니 더욱 억울할 따름이다. 일도 하고, 뇌뿐만 아니라 자신도 자각할 수 있는 건강한 즐거움을 얻기 위해서라도 위와 같은 귀차니즘에서 탈피할 수 있도록 노력해야 한다.

저 사람,
일부러 그러는 걸까?

회사에서 일하는 것도 힘들지만, 저를 더 힘들게 만드는 것이 있어요. 이번에 제 밑으로 들어온 신입 사원의 근무 태도가 저를 화나게 합니다. 진짜 거짓말 하나도 안 보태고 그는 매일 지각을 합니다. 이유도 딱히 없습니다. 따져 물어보면 그냥 아침에 눈을 뜨는 것이 너무 힘들다고만 말합니다. 시계, 핸드폰, 여자 친구의 모닝콜까지 모든 알람 소리가 잘 들리지 않는다고 합니다. 일이 힘들어 체력이 약해진 걸까, 혹시 몸 어디가 아픈 것은 아닐까, 한때는 이런 걱정을 했을 만큼 지각을 많이 합니다.

원래는 9시 출근이었지만 10분, 20분, 30분 점점 늦어지더니 10시에라도 도착하면 다행이라는 생각이 들 정도입니다. 저뿐만 아니라

부장님도 그 친구에게 지각을 하지 말라고 직접적으로 주의를 주시기도 합니다. 야단을 맞으면 정신이 드는지 지각을 하지 않다가도 며칠 지나지 않아 또 지각을 합니다.

얼마 전부터는 자율 출퇴근제로 바뀌어서 출근 시간을 조정하게 되었습니다. 그 친구는 9시까지 출근하는 것이 너무 힘들다며 10시로 출근을 미뤘어요. 10시 출근이면 시간이 충분하니 지각하지 않을 것 같았죠. 하지만 조정을 했는데도 불구하고 10시 5분, 10분, 20분 조금씩 늦었고, 요즘은 10시 40분에야 회사에 도착하고 있습니다. 부장님이 일부러 그러는 거 아니냐고 몰아세우기도 했지만, '일부러 지각하려는 사람이 어디 있겠어요?'라고 오히려 반문해요. 자기 나름대로 노력하고 있다고는 하는데, 그 친구를 보는 저는 잘 모르겠습니다.

9시까지 출근하지 못하고 매일 지각을 하던 사람이 출근 시간을 10시로 조정해도 얼마 못 가 또다시 지각하기 시작한다. 출근 시간을 조정했음에도 불구하고 '왜 지각을 하느냐'고 물어보면 이전 핑계와 똑같이 '알람 소리를 못 들었다'고 대답할 것이다. 그러나 알람을 못 듣는 것은 지각의 이유가 아니다. 알람 소리를 못 듣는 것이 아니라 출근 시간에 맞취 출근하지 않아도 '괜찮다'고 생각하기 때문에 지각을 하는 것이다. 초기에 몇 번은 노력해서 정시 출근을 했을지 모르겠지만, 이후 그 사람은 애초에 출근 시간에 맞춰 출근할 생각이 없었기 때문에 알람 소리를 못 듣는 상황이 발생한 것이다.

무의식과 의식은
서로 다른 결정을 한다

의식적으로는 자신이 알람 소리를 못 들어서 지각을 했다고 하지만, 무의식의 입장은 다르다. 알람이 울리기 전에 이미 뇌가 '알람을 듣지 않기로 결정'했기 때문이다. 우리는 뇌의 결정에 따라 '행동'한다.

1980년대 벤자민 리벳Benjamin Libet은 우리의 뇌가 '내가 하려는 일을 이미 결정한다'는 것을 뇌과학 실험을 통해 증명했다. 한 실험에서 참가자의 머리에 전극을 설치하고 손목을 움직이고 싶을 때 움직이라고 했다. 실험 참가자가 손목을 움직이기 약 0.5초 전에 '준비 전위Readiness Potential'라고 불리는 영역에서 신호가 나타났고, 그후 약 0.25초가 흐른 뒤에야 참가자는 자신의 손목을 움직이겠다고 결정했다. 인간은 자신의 행동을 의식적으로 결정한다고 생각하지만 이미 그 전에 무의식에서 결정이 내려져 있다. 우리는 이를 자각하지 못한 채 이렇게 '변명'을 한다. "알람을 듣지 못했어요."

이제 갓 입사한 신입 사원의 열정을 어떻게 평가할까. '열심히 하겠습니다', '노력하겠습니다', '지각하지 않겠습니다' 등 신입 사원의 의지를 보여 주는 말들은 많다. 그 의지를 어떻게 확인할 수 있을까. 실제로 의지가 있는지 알고 싶으면 어떻게 일을 해내는지 결과를 지켜보면 된다. 아주 사소한 일을 지시했을 때 어떻게 그 일을 처리하는지 살펴보자. 말로만 열심히 하는지, 진짜 열심히 하고 싶은데 상황이 어려운지, 아니면 아예 열심히 할 마음이 없는 것인지는 그 사람의 행동만이 보여줄 수 있다.

의지를 갖고 있다면 시간이 걸리고 목표를 달성하지 못하더라도 비슷하게는 해낸다. **무엇이든 하고자 하는 사람은 방법을 찾지만 하지 않으려는 사람은 핑계를 찾는다.** 변명을 하는 사람들은 자신이 '말로만' 열심히 하고 있다는 사실을 자각하지 못한다. 모든 인간은 무의식적으로 결정을 하고 의식적으로 이유를 끼워 맞추기 때문이다. 그래서 그 사람의 동기는 그 사람 스스로 자각하는 것보다 다른 사람이 관찰하는 것이 더 정확할 때가 있다. 행동은 그 사람의 무의식적인 의지를 의식적으로 표현하는 방식이다. '지각하지 않겠다'고 말했지만 지각을 했다면, 무의식적으로는 제시간에 출근할 생각이 없었다는 의미이다.

말보다는 행동이
더 정확하다

같은 직장에 출근하고 있더라도 사람들은 모두 다른 이유로 직장을 다닌다. 어떤 사람은 사장이나 임원의 자리에 앉는 것을 꿈꾸며 출근하기도 하고, 또 다른 사람은 월급날 월급이 잘 나오기만 해도 괜찮다는 생각을 한다. 회사 내에서 우리는 동료, 상사, 후배가 어떤 마음가짐으로 회사를 다니는지 막연하게나마 알고 있다. 직접적으로 말하지 않는 이상 그 사람이 갖고 있는 생각을 정확히 알 수는 없지만, 그 사람의 여러 행동들을 보며 충분히 추측할 수 있기 때문이다.

　다른 사람의 동기를 좀 더 정확히 파악하려면 그 사람이 하는 행동의 맥락을 살펴보면 된다. 무엇에 몰입하는지, 어떤 노력을 얼마나 하는지, 얼마나 오랫동안 집중을 하는지, 얼마나 자주, 빨리 실행하는지 관찰해 보면 맥락을 파악할 수 있다.

　뇌는 모든 행동의 동기와 감정 상태에 관여한다. 생각하는 뇌의 역할을 하지만 행동을 하는 행동 동기와 감정의 중추이기도 한 것이다. 뇌는 갈망, 욕망, 욕구, 즐거움 등 모든 감정에 관여한다. 뇌는 우리가 무슨 일에 집중을 하는지, 어떤 꿈을 갖고 있는지에 대한 것뿐만 아니라 우리가 그 일을 하기 원하는지에 대한 동기와 일을 할 때 기분이 어떤지 감정에 대해서 훨씬 더 많은 관여를 한다.[9]

　사람이 경험하는 모든 상황을 '자극'이라고 한다. 자극을 받으면 우리의 뇌에서 호르몬이나 신경 전달 물질이 분비되면서 더 열심히 노력할 것인지, 회피할 것인지, 얼마나 자주 빨리 실행할 것인지를 결정한다. 열심히 일을 하고 난 뒤 결과에 대해서 칭찬을 받으면 도파민Dopamine이 분비되면서 성취감을 느끼고 더 열심히 일을 하게 된다. 이성을 만나 옥

시토신Oxytocin이 분비되고 사랑에 빠지면서 더 자주 만나고 연락하려는 것과 같은 맥락이다.

우리는 생각보다 무의식적으로, 감정적으로 일을 한다. 자신 혹은 상대방의 말과 행동이 다르다면, 이제부터 무엇을 믿을 것인지, 답은 나왔다.

살다 보면
그럴 수 있는 거 아닌가?

최근 회사 조직에 약간의 변동이 있었습니다. 저희 부서 팀장님이 바뀌었어요. 팀원도 예전보다 늘었고요. 20여 명 정도 되는데 이 정도면 작은 회사 규모이지요. 예상했던 것보다 더 많은 동료, 선후배가 생겨서 조금 당황스럽긴 하지만 좋기도 합니다. 그런데 새로 오신 팀장님의 행동이 심상치 않습니다.

어느 날 다 같이 모여 점심을 먹는데 팀원 전체에게 '지각을 하지 않았으면 좋겠다'는 말을 공개적으로 강력하게 하시는 거예요. "퇴근 시간은 꼭 지키려고 하면서 왜 출근 시간은 자기 마음대로들 하려고 합니까?"라는 말을 시작으로 꽤 오랫동안 지각을 하면 안 된다는 말을 다른 말로, 여러 번 했어요.

그 말들을 듣고 있자니 밥이 잘 안 넘어갔습니다. 부서가 새롭게 정비된 지 얼마나 되었다고, 벌써 잔소리부터 시작하다니요. 좀 어이없는 것 아닌가요? 나중에 이야기를 나눠 보니 동료들도 저와 같은 생각이더군요. 다들 그날 팀장님의 일장연설을 어이없어 했어요. 아니, 회사가 학교도 아니고 지각 때문에 잔소리를 듣고, 스트레스를 받을 줄이야……

그 이후로 팀장님은 지각할 것 같으면 미리 보고받길 원하십니다. 출근 시간에서 5분, 10분 정도만 지나도, 팀장님이 득달같이 연락을 합니다. 출근하다 보면 예기치 않게, 5분, 10분 정도는 늦을 수 있잖아요. 그 시간 계산해서 연락하다가 더 늦지 않겠어요? 살다 보면 지각할 수도 있는 것 아닌가요? 너무 스트레스 받습니다.

자신이 지각을 하는 것은 어쩔 수 없는 상황이 있었기 때문이지만, 다른 사람이 지각을 하면 그 사람이 게으르다고 생각한다. 자신의 잘못이 명확한 상황에서조차 자신의 잘못은 없고 자신을 비난한 상대방의 잘못이라고 생각한다. 직장 생활에서뿐만 아니라 일상에서도 이런 이중적인 태도는 자주 나타난다. 자신이 할인 쿠폰을 사용하거나 포인트를 적립하는 것은 경제 관념이 좋은 것이고 남이 하면 쪼잔한 것으로 여긴다. 자신이 상대방에게 각자 비용을 내자고 제안하는 것은 합리적이고, 남이 자신에게 제안하면 상대방을 짠돌이로 여긴다. '내가 하면 로맨스, 남이 하면 불륜'이라는 말이 일상에서 빈번하다. 많은 사람이 이렇게 자신에게는 관대하고 타인에게는 엄격하다.

내가 하면 로맨스, 남이 하면 불륜

대체 왜 이런 일이 벌어질까? 사람들은 누구나 행동의 이유를 설명하고 싶어 한다. 자신의 행동에 관해서 설명하려는 것뿐만 아니라 타인의 행동에 대한 이유도 추론하고자 한다. 이렇게 행동의 원인을 추론하는 과정에 대해 설명하는 이론으로 귀인 이론(歸因, Attribution Theory)이라는 것이 있다. 사람들은 자신이 관찰할 수 있는 행동을 토대로 사람들의 태도나 의도를 추론하는데, 개인이 특정 행동을 한 이유를 상황적인 측면에 의한 것이라고 여기는 것을 '상황적 귀인' 혹은 '외부 귀인'이라고 하며, 반대로 개인의 내적이거

나 기질적인 측면에 의한 것이라고 여기는 것은 '기질적 귀인' 혹은 '내부 귀인'이라고 한다.[10]

많은 사람이 지각을 한 사람에 대해 어쩔 수 없는 상황이 있었을 것이라고 생각하지 않는다. 그냥 그 사람이 게으른 사람이라서 지각을 한다고 여긴다. 상황과 개인의 성향 중에서 그 행동의 원인을 개인의 성향으로 설명하려고 하는 것이다. 인간의 행동을 설명할 때 상황의 영향을 과소평가하고, 성격이나 타고난 기질적 요인들과 연결해서 설명하려고 하는 경향을 '기본적 귀인 오류Fundamental Attribution Error'라고 한다. 거의 모든 사람이 기본적으로 너무 자주 저지르는 오류이다. 어쩔 수 없는 상황이었다고 아무리 설명해도 사람들은 상대방을 '원래 그런 사람이야'라고 생각한다.

한 연구에서 연구자들은 실험 참가자들에게 에세이 한 편을 읽게 했다. 그 에세이는 1959년부터 쿠바를 공산 국가로 통치하며 거의 50년간 정권을 잡은 대통령 피델 카스트로Fidel Castro에 대해서 긍정적으로 서술한 것이었다. 참가자들에게 그 에세이를 작성한 사람이 카스트로에 대해서 어떤 생각과 태도를 가졌는지 추정하게 했다.

첫 번째 실험 참가자 그룹에는 이 에세이를 쓴 작가는 자기 스스로 자유롭게 카스트로를 평가하고 글을 썼다는 정보를 주었다. 당연히 실험 참가자들은 글의 내용이 에세이 작가의 입장이고, 작가는 평상시에도 카스트로를 우호적으로 평가하는 사람이라고 생각했다. 두 번째 그룹에는 에세이를 쓴 작가가 카스트로에 대해 찬성과 반대의 입장을 선택할 수 없었고 강요에 의해서 작성했다는 정보를 주었다. 이런 정보에도 불구하고 참가자들은 긍정적으로 평가한 글의 내용이 작가의 입장과 일치할 것이라고 생각하는 경향이 높았다. 즉, 타인의 강요로 인해 쓴 글일지라도 본래부터 카스트로를 지지하는 사람이기 때문에 우호적인 글을 썼다고 추정한 것이다.

연구자들은 에세이를 쓰게 된 상황적인 배경과는 상관없이 참가자들 모두 '작가는 카스트로에 대해 우호적'이라고 생각하고 있다는 점에 주목했다.[11] 직장에서 해고되고 속상해서 생애 처음으로 술을 많이 마시고 술주정을 한 사람을 보고 원래 술버릇이 안 좋은 사람인데 이제야 드러났을 뿐이라고 생각하는 것도 비슷한 맥락이다.

사람들은 한 사람의 행동을 설명할 때 상황은 과소평가하고 그 사람의 성향이나 성격 등으로 설명하려고 한다. 아무리 객관적으로 관찰한다고 하더라도 상황은 확인하기 어렵고, 그 사람의 모습이나 행동은 바로 보이기 때문에 그 사람의 성향을 우선 인지하게 된다. 그래서 다른 사람들의 행동을 그 사람의 고유한 특성이나 성격을 바탕으로 결론 내는 것이다. 그러나 자신에 관해 설명할 경우에는 자신이 겪은 모든 상황을 모두 알고 있기 때문에 자신의 실수를 상황의 문제라고 인식한다. 자신이 해고를 당해서 술을 마시고 술주정을 하면 자신은 원래 그런 사람이 아닌데 해고를 당했기 때문에 기분이 좋지 않아서 술주정을 할 수밖에 없었다고 상황 탓을 하는 것이다.

결국은 자존심, 그리고 자존감

'내가 하면 로맨스, 남이 하면 불륜'이라는 사고방식은 자신의 자존심을 지키기 위한 본능이기도 하다. 자신이 실수하면 남 탓을 하거나 상황이 어쩔 수 없었기 때문에 자신의 잘못은 하나도 없다고 생각하면 자신의 자존심을 지킬 수 있기 때문이다. 호주의 심리학자 프리츠 하이더Fritz Heider는 1958년에 출판한 저서『대인 관계의 심리학The Psychology of Interpersonal Relations』에서 자존심과 귀인 이론에 관해 설명했다. 그는 책에서 사람들은 다른 사람들의 행동 원인에 대해 납득 가능한 설명이나 해답을 얻을 때까지 추론을 한다고 설명했다. 자신의 실수에 대해서는 상황이 어쩔 수 없었다고 말하면서 성과가 좋으면 자신의 덕이라고 말한다. 반면에 다른 사람들의 실수는 그 사람이 원래 그런 사람이라서 의지가 없거나 성격이 안 좋아서라고 생각하면서, 반대로 성과가 좋으면 운이 좋게 상황이 잘 맞아서라고 생각한다.

무의식적으로 자신의 부정적인 행동을 상황 탓으로 돌리면서 자존심을 지킬 순 있지만, 결과적으로는 상황을 개선하려는 노력을 하지 않고 상황 탓이나 남 탓으로 변명만 한 상황이 된다. 반면 자신의 실수를 자신의 잘못이라고 생각하는 사람이 자존감도 낮을 때는 자신의 탓을 하면서 괴로워한다. 이 경우 괴로워하는 것에 그치지 않고 자신의 실수를 자신의 잘못이라고 생각하면서 개선을 하면 그 사람은 시간이 지날수록 성장할 수 있다.

자신의 업무 성과가 좋으면 자신의 능력 덕분이라고 생각하고, 성과가 좋지 않으면 팀원 탓을 하는 사람을 본 적 있을 것이다. 이런 사람은 팀원들의 사기를 저하시키고, 결국 주변 사람들을 무기력하게 만드는 존재다. 이런 사람 때문에 자신이 무기력해진 상태라면, 그 사람 때문에 미래를 걱정하기보다는 우선은 자신의 무기력은 자신의 탓이 아님을 상기하는 편이 앞으로의 정신 건강에 더 좋다.

왜 상사에게
보고하기 귀찮을까?

으레 해야 하고, 별 어려움 없이 해왔던 업무 보고하기가 참 귀찮습니다. 미루고 미루다가 간신히 하거나, 시기를 놓쳐서 보고를 못하기도 했습니다. 보고하는 것을 미루다가 야단을 듣기도 했습니다.

팀장님이 새로 부임해 오신지 얼마 되지 않았을 때는 서로의 업무 스타일을 잘 모르니까 망설여지는 것이라고 생각했어요. 아직 낯설기도 하고, 어떻게, 얼마나 보고 받는 것을 선호하시는지 잘 모르니까 보고할 때 조금 불편하기도 했습니다. 팀장님에게도, 저에게도 시간이 필요하다고 생각했어요.

그런데 시간이 지나도 업무 보고는 편안해지지 않습니다. 팀장님이 업무 보고 방식에 대해서 따로 별 말씀을 하신 적도 없고, 까탈

스럽게 지적한 것도 없어요. 그런데도 보고하기가 귀찮고 싫습니다. 매주 월요일이면 그 주 업무 스케줄 등을 보고해야 하는데, 얼마나 귀찮은지 일요일부터 짜증이 날 정도입니다. 보고하는 것만 없어도 일하기가 훨씬 편해질 것 같아요.

상사에게 보고하는 것이 싫어 미루는 경우가 있다. 이유야 어찌 되었든 간에 직장에서 보고를 미루게 되면 얻는 것보다는 잃는 것이 더 많은 데도 보고하기 싫은 마음은 사라지지 않는다. 보고가 의무인 직장에서 이를 행하지 않는 것은 자신의 책임을 다하지 않은 문제임에도 불구하고 보고를 하지 않는 이유는 무엇일까.

직장 상사를 향한 마음의 거리가 너무 멀다

대한민국에서 직장 상사가 편한 사람은 많지 않다. 부하 직원들을 상사들로부터 격리시키는 감정적 거리를 권력 거리라고 하는데, 한국은 권력 거리가 큰 나라이다. 권력 거리가 클수록 서열을 따지고, 계급적 의식이 두드러진다. 상사와 부하 직원 간의 심리적 거리가 크기 때문에 부하 직원이 직장 상사에게 먼저 다가가거나 상사에게 반대 의견을 내는 경우도 드물다. 방송 프로그램에서 한 개그맨이 방송국 옥상에서 선배가 후배에게 얼차려를 시켰다고 할 정도로 한국은 선후배 관계가 경직되어 있고 권력 거리가 크다.

　우리와는 달리 권력 거리가 적은 곳으로 이스라엘을 꼽을 수 있다. 이스라엘은 상사와 부하 혹은 위아래의 개념이 없다. 군대에서조차 하급자가 상급자에게 고분고분 순종하거나 복종하지 않는다. 시민들이 참여하는 행사에 참석한 총리도 일반 시민들과 똑같은 대접을 받는다. 또 다른 예로 스웨덴의 이야기도 있다. 스웨덴의 국왕 칼 구스타브는 자신의 자녀에게 줄 크리스마스 선물을 사기 위해서 수표를 내밀었다. 수표 카드가 있어야 확인을 할 수 있는데, 수표 카드를 들고 오지 않은 국왕에게 점원은 수표를 확인 절차 없이 받을 수 없다고 하면서 수표 받는 것을 거절했다. 옆에서 그 상황을 지켜보던 시민 중 한 명이 국왕의 얼굴이 새겨져 있는 1크라운 동전을 점원에게 내보이자 그때서야 점원은 그 동전으로 확인 처리를 시작했다. 수표의 진위를 철저하게 검사하고 수표 소지자의 이름과 주소를 확인하고 난 후에야 국왕의 수표를 받았다. 이처럼 권력 거리가 가까운 문화권에서는 직위와 계급보다 자기 자신의 일에 더욱 집중한다.

지위가 감정을 결정한다

수직적 문화와 수평적 문화는 한 개인의 정서 경험에 영향을 미칠 수 있다. 권력 거리는 어떤 종류의 정서 경험을 촉진하거나 억제할 수 있다. **권력 거리를 만드는 지위에 따라서 느끼는 감정 규칙이 있는 것이다.** 수직적 문화가 공고한 사회에서는 상대적으로 수평적 문화를 지닌 영어권 나라에서는 인식조차 되지 않는 정서인 수치심, 당황, 감사, 수줍음, 존경을 결합한 정서 등을 장려한다. 사람들은 지위가 높은 사람 앞에서 그러한 정서를 느끼고 표현함으로써 존경을 나타낸다.[12] 일본에서는 지위가 높은 사람, 구체적인 예로 스포츠팀에서는 감독이 선수에게 분노를 표현하는 것은 적절하지만 선수가 코치에게 분노를 표현하는 것은 매우 무례하다고 받아들인다.[13] 분노를 표현할 수 있는 것은 높은 지위를 갖고 있다는 것을 의미하고 선수가 코치에게 분노를 표현하는 것은 위계에 대한 직접적인 위협이 될 수 있기 때문이다.[14] 코치나 감독 혹은 리더가 슬픔이나 공포, 불안감을 표현하는 것은 나약함을 나타내는 것이기 때문에 이런 감정들은 숨겨야 한다.

직장에서 직장 상사가 아무리 잘해 줘도 부하 직원의 입장에서는 불편하고 거북하기 때문에 보고를 하는 것도 부담이 될 때가 많다. 보고를 하고 난 후, 직장 상사가 큰 의미 없는 피드백이라도 하면 왠지 꼭 혼나거나 잘못한 것 같은 기분이 들 수도 있다. 이는 권력 거리가 큰 한국에서 직장 생활을 하는 사람이라면 누구나 겪는 지극히 평범한 일이다. 보고에 대한 두려움은 자신의 나약함이나 게으름 때문이 아니라, 권력 거리로 인해 만들어진 것이라는 사실을 명심하면 훨씬 빠르고 쉽게 두려움을 떨칠 수 있을 것이다.

'맛있는 것 먹자'는 데도…
왜 회식은 귀찮을까?

어제는 일찍 퇴근해서 친구들과 시간을 보내기로 약속했습니다. 그간 있었던 부서 이동, 업무 파악, 동료들 간의 업무 공유 등 바쁜 일들이 어느 정도 정리되었거든요. 누가 봐도 일찍 퇴근할 수 있는 분위기였습니다. 그런데 퇴근 시간이 다가올 즈음 팀장님이 갑자기 저녁을 먹으러 나가자고 하는 겁니다. 그렇게 갑자기 회식을 하게 됐습니다.

회사 근처에 있는 고깃집에 도착하고부터 동료들 간에 조용히 눈치 게임이 시작됐습니다. 팀장님 근처에 앉으면 먹는 것도 불편하고, 잔소리도 들어야 하거든요. 팀장님으로부터 가능한 한 멀리 떨어져 앉아야 조용히 회식 자리에서 빠져나올 수 있기도 하고요.

결국 저는 고깃집, 술집, 노래방으로 이어지는 회식 자리를 중간에 빠져나오지 못하고 끝까지 자리를 지켜야 했습니다. 술집 배경과 술 종류만 바뀌면서 반복되는 회식 자리가 싫습니다. 1차 고깃집에서도, 2차 술집에서도, 자리를 옮길 때마다 눈치 게임을 해야 하는 것도 귀찮습니다. 이래저래 신경 써야 할 것이 많아서 차라리 이럴 바엔 일하는 것이 나을 정도예요. 정말이지 회식은 피할 수만 있다면 피하고 싶습니다.

회식도 야근이다. 직원들을 고용한 사람의 입장에서는 단순히 함께 식사를 하는 자리라고 생각할 수 있겠지만 엄연히 회식은 일의 연장이다. 회식 자리에서 일어난 사고도 산업 재해로 인정되지 않는가. 회식은 일의 연장선이다. 회식은 업무에 관한 이야기를 하기도 하고 앞으로 업무의 원활한 수행을 위해서 서로 친해져야 하는 자리이기도 하다. 부하 직원을 편하게 혼내는 자리이기도 하고 업무 시간에는 미처 말하지 못했던 업무 이야기를 하는 자리가 되기도 한다. 편한 자리가 아니니만큼 웬만하면 회식 자체를 피하거나 식사만 간단히 하고 빠져나오고 싶지만 편히 그럴 순 없다. 그렇게 했다가 상사에게 밉보여 인사 고과에서 밀리거나 왕따가 되면 어쩌나 하는 불안감에 회식 자리에 끝까지 남는다. 초·중·고등학교에서도 학교 운동회, 소풍 그리고 단체로 하는 무언가에 참여하지 않으면 혼자가 될까 봐 걱정하지 않았는가. "먼저 들어가 보겠습니다"라고 말하기가 쉽지 않다.

집단주의 문화권에서는
회식도 업무다

함께 업무를 수행하고 단체 행동을 강요하는 회사에서 회식에 참여하지 않는다는 것은 있을 수 없는 일이다. 동료의 일이 아직 끝나지 않았고, 상사가 아직 퇴근하지 않았을 때 칼퇴근은 꿈도 꾸지 못하는 것처럼 말이다. 모두가 참여하는 회식에 한 명만 빠지면 안 되는 집단주의 문화가 뿌리 깊게 자리 잡혀 있는 회사일수록 회식에 참여하지 않는 사람을 일을 못 하는 사람으로 낙인찍는다. 집단주의 문화권인 우리나라에서 흔히 발생하는 일이다.

동양의 집단주의 문화권은 개인보다 집단을 중요하게 여

기고 자신과 집단을 동일시하며 집단에 복종하는 것을 우선시한다. 집단이 유지되고 발전하기 위해서는 각 구성원이 갖는 자유와 권리는 어느 정도 제한될 수 있다고 여긴다. 만약 공동체에서 추구하는 것 대신 개인이 하고 싶은 것을 하면 속해 있는 집단에 피해를 주는 것이고 이로 인해서 질서가 깨진다고 받아들인다.

개인주의는 한 개인이 중심이 되기 때문에 주변 상황보다 자기 자신을 우선적으로 고려한다. 사회 전체의 이익보다는 개인의 이익이 우선이고 사회의 시스템 안에서 한 개인의 의견과 삶은 존중되고 보호돼야 한다는 입장이다. 개인의 의견과 삶이 존중받기 위해서는 국가를 유지하는 기본 규칙을 지키는 것이 선행되기 때문에 조건 없는 자유와 자율을 존중한다는 의미는 아니다.

윤리에 대한 인식도 집단주의와 개인주의가 추구하는 방향이 다르다. 개인주의 문화권일수록 원칙을 지킨다. 개인의 자유를 존중한다는 의미는 사회를 유지하는 가장 기본적인 법과 관계에 대한 존중이 선행되어야 유지되기 때문이다. 그러나 집단주의의 경우 사회를 유지하는 규칙보다는 집단의 규칙을 더 우선시하기 때문에 서양 문화권의 개인주의 관점에서 볼 때 집단주의는 상당히 비윤리적이고 이기적인 문화로 평가되기도 한다.

한 사회가 집단주의를 따르느냐 개인주의를 따르느냐에 따라 회사나 가정에서의 생활 양식이나 개인의 행동 패턴이 달라진다. 예를 들어 보자. 본사의 인사부장이 내가 근무하고 있는 공장에 연락을 해 왔다. 곧 공장 직원들을 정리 해고할 계획이라고 했다. 정리 해고 대상자 명단을 이메일로 발송할 예정이니 잘 처리해 달라고 당부했다. 아니나 다를까, 대상자 명단을 받아서 훑어보는데 입사 동기이자 어릴 적부터 같이 자란 친한 친구의 이름이 대상자 명단에 있다. 대상자 명단에 있는 친구가 며칠 후에 찾아왔다. 요즘 정리 해고에 대한 흉흉한 소문이 돌고 있는 것을 알고 있다고 말하면서 혹시라도 정리 해고 대상자에 자신의 이름이 있으면 미리 알려 달라고 부탁하는 것이다. 아이도 셋이나 되고 얼마 전에 집도 이사를 해서 대출 이자를 갚아야 하는데, 정리 해고를 당하면 큰일이 난다면서 미리 이직을 준비해야 하지 않겠냐는 것이다.

정리 해고 대상자가 내 친구라면 어떤 선택을 하겠는가? 대한민국 사람이라면 정리 해고 대상자임을 알려 주겠다는 답변을 많이 할 것이다. 물론 그 결론을 내기까지 수없이 많은 고민을 할 것이다. 하지만 결론은 이미 나와 있는 것이나 마찬가지이다. 밤잠을 설치면서 고민을 해도 결국 대부분 비슷한 선택을 하게 된다. 알려주면 안 되는 것을 알면서도 상호 의존적 문화를 가진 동양 문화권은 친구에게 정리 해고 대상자임을 알려준다는 대답이 더 많다. 미국과 같은 개인주의 문화를 가진 서양 문화권은 친구라고 할지라도 정리 해고 대상자임을 알려 주지 않는다고 대답하는 사람이 더 많다. 문화권에 따라서 응답하는 내용이 달라진다.[15]

네덜란드의 학자가 세계 17개국 국민들의 행동 양식을 조사했다. 사람들에게 '친구가 운전하는 차를 탔다. 제한 속도가 30km 구간에서 시속 85km로 과속을 하다가 보행자를 치고 말았다. 그 당시 목격자는 아무도 없었다. 친구는 구속이 되고 친구의 변호사가 당신에게 와서 말한다. 당신이 법정에서 30km의 속도를 지키면서 운전했다고 증언하면 친구가 벌을 면할 수 있다. 이런 상황에서 어떻게 할 것인가?'라는 상황을 주었다. 이에 대한 대답으로 '아무리 친구지만 사실대로 제한 속도를 어긴 것 같다고 증언하겠다'고 대답하는 원칙주의 입장과 '친한 친구를 위해서 거짓 증언을 하겠다'고 대답한 현실주의 입장으로 나누어서 분석한 결과는 다음과 같았다.

상호 의존적인 집단주의 문화와 독립적인 개인주의 문화는 개인이 꿈과 목표를 달성해 나가는 방식, 욕구를 실현하

	사실대로 증언하겠다	거짓 증언하겠다
캐나다	96%	4%
미국	95%	5%
스위스	94%	6%
스웨덴	93%	7%
오스트레일리아	93%	7%
서독	91%	9%
영국	90%	10%
프랑스	68%	32%
포르투갈	68%	32%
스페인	65%	35%
일본	67%	33%
싱가폴	67%	33%
홍콩	56%	44%
말레이시아	55%	45%
중국	48%	52%
인도네시아	47%	53%
한국	26%	74%

는 방식, 인간관계를 맺는 방식에 영향을 끼친다. 이는 곧 개인이 감정을 느끼는 방식도 다르고 느낀 감정을 표현하는 방식이 정해진다는 것을 의미한다. 서유럽이나 북미와 같은 서양의 독립적인 개인주의 문화권에서는 자아실현이 한 개인의 삶의 목표가 된다. 자신의 꿈을 달성하기 위해 다른 사람에게 의지하지 않고 스스로 자신의 목표를 독립적으로 성취해 나가는 것을 중요하게 여긴다. 자신의 욕구, 생각, 감정 등 개인의 내면을 중심에 두고 생각과 감정을 솔직하게 표현하는 것을 추구하고, 문화권에서도 이를 적극적으로 권장한다.

한국, 중국 등 유교 문화권은 상호 의존적인 문화이다. 유교 문화권에서 자아실현의 의미는 자신이 목표한 바를 이뤄가는 과정에서 주변 사람들과 원만한 관계도 유지하는 것이다. 관계 유지를 위한 자신의 역할에 충실해야 하기 때문에 목표를 성취하는 과정에서 필요한 의사 결정의 순간에 가족과 주변 사람들이 개입하는 것을 막지 않는다. 자아실현을 이루고 나면 자신의 가족과 주변 사람들을 챙겨야 하고, 자신의 개인적인 욕구가 있다고 하더라도 통제하고 수련한다. 자신이 속해 있는 집단 내에서 모범적인 삶을 사는 것을 중요하게 여기고 다른 사람에게도 권장한다.

자기 자신과 자녀, 둘 중에서 한 명만 유명 대학에 합격한다고 가정할 때, 누가 합격하면 더 기쁠까. 개인주의 문화권인 서양의 경우는 똑같이 자랑스러울 것이라고 보고됐으나 집단주의 문화권인 동양에서는 자신보다 자녀가 합격하는 것이 더 자랑스러울 것 같다고 보고됐다. 부정행위에 대해서도 문화에 따라서 다르게 보고되는데, 서양에서는 가족보다는 자신의 부정행위에 대해 수치심을 느낀다고 보고됐으나 동양에서는 형제나 가족이 적발될 때 더 수치심을 느낄 것이라고 보고됐다. 이러한 심리를 바탕으로 집단주의 문화권인 한국 사람들은 다른 사람에게 더 많은 요구를 하고 더 모범이 될 수 있도록 역할에 맞는 행동 기준을 정해 놓는다. 그 기준에서 벗어나지 않도록 강하게 요구하는 것을 당연하게 여긴다. 회사에서도 다른 사람의 생각과 행동에 대한 기대 수준이 높고, 이를 수행하길 바라는 요구 수준이 높기 때문에 행동 기준에 맞지 않는 행동을 하면 직장 상사나 동료로부터 관여 받는 것을 이상하게 여기지 않는다.

잘못된 말과 행동은
통증을 유발한다

회식이 귀찮은 존재가 된 것은 앞서 말한 집단주의 문화가 전방위적으로 직장인을 압박한 결과물이기도 하지만, 회식 자리 자체가 사람에게 고통을 주는 자리이기 때문이기도 하다. 고깃집, 술집, 노래방, 또다시 술집으로 이어지는 코스, 공公과 사私 사이 애매한 성격의 자리에서 사람들이 서로 주고받는 말과 행동 때문에 상처를 입는다.

대리언 리더Darian Leader, 데이비드 코필드David Corfield는 『우리는 왜 아플까Why Do People Get Ill』라는 책에서 '우리가 무심코 던지는 말이 상대방에게 질병을 유발할 수 있다'고 경고했다. 무심코 던지는 말은 의식적, 무의식적으로 상대방에게 상처를 주는 말일 수도 있고 집단주의 문화에서 당연하게 여겨지는 불필요한 강요일 수도 있다. 불필요한 압박은 우리에게 고통을 주는데, 뉴욕 대학교New York University의 존 사노John Sarno 박사는 '어떤 특정한 생각이나 정신적인 압박은 특정한 신경에 영향을 미치기 때문에 통증이나 질병의 원인이 될 수 있다'고 말한다. 하버드 대학교Harvard University

의 허버트 벤슨Herbert Benson 교수도 환자들의 80%가 스트레스나 심리적인 이유로 병원에 방문하는 환자라고 진단했다.

차별을 경험한 사람이 차별을 경험하지 않은 사람보다 건강이 더 나쁘다는 연구 결과도 있는 것처럼 무심코 하는 말과 행동들이 직장 내에서 아주 큰 스트레스로 작용한다. 심지어 퇴근 후에도 그 압박과 괴로움에서 벗어나기 힘든 상황인 회식 자리가 귀찮지 않을 이유가 있을까.

'할까, 말까'
왜 자꾸 고민할까?

지치기도 했고, 건강도 많이 나빠져 회사를 그만두고 고향집으로 와 지냈습니다. 퇴사 한 직후에는 무조건 쉬려고 했어요. 아무 신경도 쓰지 않고, 걱정도 하지 않고 몇 달 간은 쉬려고 했습니다. 그런데 얼마 못 가 점점 제 자신이 너무 나태한 것 같고, 무기력해지고, 그렇게 지내다가는 우울증에 걸릴 것 같았습니다. 뭐라도 해야 할 것 같아서, 외국어도 배우고, 업무에 도움이 될 만한 컴퓨터 프로그램도 배웠습니다.

구직난이 심하다고 하더니 정말 일자리 구하기가 쉽지 않더군요. 여러 곳에 이력서를 넣고, 면접도 여러 번 봤습니다. 구직 기간이 길어지는 건가라는 생각이 들 때에 마침 출근하라는 입사 합격 전화를 받았습니다. 며칠 간은 다시 출근할 수 있어 기쁘고 안도하는 마음으로 즐겁게 보냈습니다.

그러나 막상 새로운 회사로의 첫 출근 날이 다가오자 걱정이 됩니다. 그 회사에서 면접 볼 때 들은 이야기 중에 몇 가지가 신경 쓰이네요. 이전 회사보다 규모가 좀 작아서 그런지 제 부서 일뿐만 아니라 다른 부서 일도 조금 나눠서 해야 합니다. 신경 써야 할 것도 많고 야근도 조금 있는 것 같아요. 더군다나 인수인계를 해주고 일을 가르쳐줄 사람이 없어서, 저 스스로 찾아서 공부하면서 일해야 할 것 같아요. 지금까지 인수인계 없이 일해본 적도 없어서 걱정되네요. 분위기도, 조건도 다 좋은 것 같긴 한데… 출근해야 할까요?

힘겨운 구직 생활 끝에 찾아온 합격 통보. 안도와 기쁨이 드는 것도 잠시, 이리저리 고민하기 시작한다. 출근해야 하는 날이 며칠 남지 않았는데 새로운 회사에서 안내해 준 근무 조건이 이래저래 마음에 걸린다. 새로운 회사에 출근하기 전부터 출근을 해야 할지 말지 자체가 고민이다. 저번에도 미리 걱정하고 고민만 하다가 결국 자신에게 온 기회를 다음으로 미뤘는데, 그다음이 이번이 되어도 고민되는 것은 마찬가지다.

배우자가 집안 이야기를 하느라 자신을 붙잡아 놓는 바람에 어젯밤 중요한 보고서 작성에 집중하지 못했다고 말하는 직장 동료를 본 적이 있는가. 혹은 학교 다닐 때 친구가 깨워 주기로 했는데 안 깨워 줘서 공부를 전혀 하지 못하고 오늘 시험 보러 왔다고 큰소리로 말하는 친구를 본 적이 있을 것이다. 입사, 발표, 시험 등 중요한 일을 앞두고 자신이 그 일을 하지 못한 이유를 대면서 정당화하는 것을 '셀프 핸디캐핑Self-handicapping'이라고 한다. 앞두고 있는 과제가 본인에게 중요할수록, 성공할 수 있을 것이라는 확신이 없거나, 자존심 등 성격적 특성이 두드러진 사람에게 셀프 핸디캐핑이 일어나기 쉽다.

실패할까 봐
두렵다

셀프 핸디캐핑처럼 사람은 왜 스스로 불리한 조건을 만드는 것일까. 그 이유는 **불리한 조건을 스스로 만들어 놓으면 과제 수행에 실패했을 때는 물론이고 성공했을 때도 자신에게 유**

리한 평가를 이끌어낼 수 있기 때문이다. 실패했다면 불리한 조건을 핑계 댈 수 있을 것이고 반대로 성공했다면 불리한 조건에도 불구하고 뛰어난 능력으로 성공한 사람이라는 평가를 받을 수 있기 때문이다. 예를 들어 시험 당일 한 친구가 전날 너무 졸려서 잠자느라 공부를 못했다며 큰소리로 이야기했다고 가정해 보자. 이 경우 주변 사람들은 그가 일부러 그렇게 말하는 것임을 알고 있으면서도 지적하지 않고 좋은 말로 화답을 한다. "공부 잘하는 사람은 뭔가 달라도 다를거야. 제대로 공부하지 못했더라도 성적은 좋게 나올걸?", "시끄러워. 그런 말 하지 마. 꼭 공부 다 해놓고 와서 그런 말 하더라" 등의 말로 칭찬 아닌 칭찬을 할 것이다. 결과와는 상관없이 사람들의 적극적인 반응도 셀프 핸디캡핑을 유발한다.

미국의 사회 심리학자 스티븐 버글라스Steven Berglas는 '학습 능력과 약물 효과'라는 실험으로 셀프 핸디캡핑 현상을 설명했다. 먼저 실험 참가자인 대학생들을 두 그룹으로 나누어 A그룹은 쉬운 문제를, B그룹은 어려운 문제를 풀게 한 뒤 실제 점수와는 상관없이 모두 좋은 성적이 나왔다고 알려 주었다. 그리고 참가자들에게 다시 한번 같은 수준의 문제를 풀라고 했는데, 이번에는 문제를 풀기 전에 두 가지 약

중 하나를 선택하게 했다. 하나는 집중력을 높여 문제 풀이에 도움이 되는 약이고, 다른 하나는 반대로 집중력을 떨어 뜨리는 약이었다.

상식적으로 생각하면 모두 첫 번째 약을 골라야 한다. 그러나 결과는 달랐다. 쉬운 문제를 푼 A그룹은 집중력을 높여 주는 첫 번째 약을 골랐지만 어려운 문제를 푼 B그룹은 오히려 그 반대의 약을 골랐다. B그룹의 학생들은 '이번에 푸는 문제도 어려울 테니 집중력을 떨어뜨리는 약을 먹어 성적이 나빠도 약 때문이라는 핑계를 만들어 보자'라는 생각을 했던 것이다.

셀프 핸디캐핑,
스스로 자신을 망친다

심리학자인 아킨R. M. Arkin과 바움가드너A. H. Baumgardner 는 셀프 핸디캐핑을 위치와 형태, 두 가지 측면에서 분류했다. 위치에 따른 분류는 불리한 조건을 자신의 내부에서 찾느냐 아니면 자신의 외부에서 찾느냐를 기준으로 셀프 핸디캐핑을 나누는 것이다. 약물이나 알코올의 복용, 노력의 억제 등은 내적 셀프 핸디캐핑에, 불리한 수행 조건이나 곤란한 목표를 선택하는 것은 외적 셀프 핸드캐핑에 해당한다. 형태에 따른 분류는 성공 가능성을 떨어뜨리는 불리한 조건을 스스로 만드는가, 아니면 자신이 처한 기존의 불리한 조건을 주장하는가에 따라 각각 획득적 셀프 핸디캐핑과 주장적 셀프 핸디캐핑으로 나눌 수 있다.

자신의 성공을 더욱 빛나게 하기 위해 혹은 실패로 인한 상처를 최소화하기 위해 사람은 무의식적으로 여러 이유를 대며 셀프 핸디캐핑을 시도한다. 실제로 타인들은 상대방이 변명 혹은 핑계를 대고 있다는 것을 알면서도 그 사람과의 평소 관계를 고려해 당사자 앞에서는 직접적으로 지적하지 않는다. 하지만 결과적으로 셀프 핸디캐핑은 효과적인 수단은 아니다. 셀프 핸디캐핑을 사용함으로써 당장은 자신에 대한 부정적인 평가를 약하게 할 수 있지만, 계속 사용하다 보면 결국 '핑계만 대는 사람'이라고 낙인찍히기 때문이다. 또한 자기 계발을 위한 노력을 하지 않아 결국 자신의 능력을 키울 기회를 원천 봉쇄하는 것일 수도 있다. 셀프 핸디캐핑은 단기적으로는 이익이 될지 모르지만 장기적으로는 더 큰 손해를 가져오는 것이다.

　사람은 누구나 상대적으로 적은 노력을 들이고 최상의 결과를 얻으려 한다. 그 방법을 찾는 과정에서 자신도 모르게 셀프 핸디캐핑이 작용해 머뭇거리게 된다. '할까, 말까 할 때는 하는 것이 좋다'라는 말을 한번쯤 들어봤을 것이다. 실제로 사회에서 크게 성공한 사람들은 흔히 자신의 성공 비결로 '행동'을 꼽는다. 귀찮더라도 하나의 행동을 시도해보자, 그 행동이 자신을 다음 할 일로 이끌어 줄 것이다.

Part 2

귀찮다고 말하지만,

사실 당신은

내일의
내가
하겠지

너무 많은
스트레스를 받았다

어제는 금요일이었던지라, 퇴근을 하고 오랜만에 친구들과 만나서 회포를 풀기로 했습니다. '절대 야근하지 않으리라!' 다짐을 하고 아침부터 얼마나 열심히 일을 했는지 몰라요. 일처리를 다했을 즈음, 갑자기 거래처에서 전화가 왔습니다. 급하게 처리해 달라며 일을 부탁하는 것이었습니다. 월요일에 필요한 물량을 급하게 금요일에 요청하는 내용이었습니다. 거래처도 미안해 하기는 했는데, 짜증나는 건 어쩔 수 없더라구요.

결국 퇴근 시간을 넘겨서 일을 마치고 부랴부랴 약속 장소로 가는데 팀장님의 연락이 왔습니다. 일 처리를 잘 했는지, 일을 마무리하고 거래처에 연락은 해 주었는지, 물량은 언제쯤 도착하는지 등을 꼬치꼬치 캐물으셨어요. 길거리에서 한참을 통화하고, 팀장님이 요청하신 자료들은 메일을 뒤져 카톡으로 전송해야 했습니다. 그때부터 지끈거리기 시작한 머리가 아직도 아픕니다. 물론 일 처리도 잘 했고 연락도 다 했습니다. 그냥 퇴근 후에 팀장님의 연락을 받는 그 자체가 스트레스였나 봅니다.

퇴근한 후에도 업무 지시를 받거나 업무와 관련된 연락을 받는 직장인이 많다. 한 포털 사이트에서 직장인 717명을 대상으로 퇴근 후에 메신저로 업무 지시를 받은 경우가 있는지 물었다. 그러자 85.5%가 퇴근 후에도 업무 지시를 받았다고 대답했다. 2017년 한국노동사회연구소가 2,402명을 대상으로 조사를 했을 때도 86%가 퇴근 후에도 스마트폰으로 업무를 하는 것으로 나타났다. 퇴근하고 난 후에는 충분한 휴식을 통해 앞으로 다가올 스트레스 상황을 견딜 수 있는 상태로 신체는 회복해야 하는데, 퇴근 후에도 업무 관련 연락을 자주 받으면 점차 스트레스가 누적된다.

나를 지키는
스트레스

아침에 눈을 떠서 출근 준비를 하고 집 밖으로 나서면, 우리도 모르는 사이에 우리의 정신과 몸은 긴장하기 시작한다. 버스를 탈 때 자신이 타야 하는 버스인지 아닌지를 구분해야 하고, 출근 시간에 맞춰 도착하기 위해 시간을 관리해야 하는 등 신경 써야 할 것이 한두 개가 아니다. 우리 몸의 교감 신경계는 사회생활을 잘 할 수 있도록 주의를 집중시키고, 신체를 긴장시키며, 위급한 상황에 대처하는 기능을 수행한다.

온종일 일에 치여서 정신없는 시간을 보내고 드디어 퇴근을 한 후 집에 도착했다. 넥타이를 풀고, 옷을 갈아입고, 침대나 소파에 누워서 온몸의 힘이 풀린 듯한 느낌을 받을 때, 몸은 이완이 된다. 이렇게 휴식을 취할 수 있도록 몸과 정신을 이완해서 에너지를 보존하는 기능을 부교감 신경계가 관할한다.

교감 신경과 부교감 신경은 서로 면밀히 협력한다. 우리의 몸이 사회생활을 꾸준히 할 수 있도록 신체를 유지하기 위해서 세밀한 조절을 한다. 교감 신경과 부교감 신경의 협력을 통해 세밀한 조절을 수행하는 곳이 바로 자율 신경계이다. 자율 신경계에 영향을 미치는 곳이 뇌의 가장 안쪽에 있는 시상 하부이다. 시상 하부에서 뇌하수체에 영향을 미치면 자율 조절 시스템이 완성된다. 해부학적으로 시상 하부는 뇌하수체의 바로 위쪽에 있으며, 시상 하부와 뇌하수체를 연결하고 있는 작은 모세 혈관을 통해 호르몬을 분비함으로써 뇌하수체를 조절한다. 시상 하부가 뇌하수체를 조절하고, 이에 따라 뇌하수체는 내분비(호르몬) 체계를 조절한다. 따라서 시상 하부는 뇌하수체를 통제한다.[16] 뇌의 전체 부피 중 1%도 차지하지 않는 아주 작은 부분이 내분비체계와 자율 신경계에 영향을 끼치며 인간의 신체를 조절한다. 일을 할 때는 몸을 긴장시키고, 쉬어야 할 때는 몸을 이완시켜 쉬게 만든다.

신경계가 긴장하고 싸움-도주 반응을 만들어 낸 결과를 현대의 언어로 스트레스라고 부른다. 사실 스트레스 반응은 위협의 상황을 대처하기 위해서 인간의 진화 과정에서 자연스럽게 생긴 것이다. 인간의 뇌에는 '싸움-도주' 시스템이 있는데, 편도체의 중앙에 위치하는 핵에 신호를 보내서 신체를 지키도록 만든다. 편도체는 측두엽 내측에 있는 신경핵의 집합체로, 주의, 학습, 정서에 중요한 역할을 한다. 편도체의 주요 임무는 위험을 감지하고, 이를 싸움-도주 반응인 행동과 두려움, 분노 등의 정서적 기억으로 전환하는 것이다. 편도체는 과거의 학습을 토대로 적응 행동과 의사결정을 안내한다.[17]

이 과정에서 생기는 스트레스 호르몬은 뉴런의 신경 가소성과 학습, 적응을 촉진하는 생리적 환경을 조성해서 약한 스트레스나 중간 정도의 스트레스가 발생하면 인간이 그 상황에 적응하는 행동을 하여 스트레스를 해결하게 만든다.[18] 우선 위험한 상황을 인지하면 오감五感인 시각, 청각, 촉각, 후각, 미각을 예민하게 만든다. 오감이 예민해져야 그 사람의 주변에서 생긴 새로운 정보를 빠르게 받아들여서 대처할 수 있기 때문이다. 이것이 바로 신체를 긴장시키고 주변의 상황을 빠르게 살펴서 위험한 순간을 벗어날 수 있게 신경계를 재설정하는 과정이다. 근육도 긴장하게 만들고 심장도 빨리 뛰게 해서 도망가거나 싸우거나 둘 중 하나를 할 수 있도록 만들어 신체를 지킨다.

때론
도망가야 한다

최근 '신경성' 진단을 받는 사람이 늘어나고 있다. 신경성이라는 수식어가 붙는 병의 종류도 많아졌다. 신경성 질환들은 신경이 지나치게 예민하거나 둔감해서 생기는 병일 가능성이 높다. 큰 문제가 되지 않는 것을 크게 걱정하거나 실제로 아픈 것을 제대로 느끼지 못하기 때문에 몸과 마음에 병이 생기고, 이것에 신경성이라는 말을 붙여 표현한다. 즉, 신경성 질환은 육체적인 이상과 더불어 심리적인 요인의 영향도 크게 받는다. 작은 사건을 지나치게 예민하고 크게 받아들여서 스트레스를 강하게 받고, 그 스트레스로 인해서 몸에 이상이 생긴다.

스트레스를 해소할 수 있을 만큼 충분한 휴식을 취하지 못한 채 우리는 왜 열심히 살아가고 있는 것일까. 혹자는 자신의 꿈과 더 나은 미래를 위해서 열심히 준비하고 있다고 대답하겠지만, 그 실체는 사실 열정이 아니라 불안에 가깝다. 불안이라는 감정은 특정한 사건이나 상황 때문에 어떤 결과가 나올지 모르지만 무언가 나쁜 일이 일어날 것 같다

고 느끼는 감정이다.[19]

불안감을 느낀 사람들의 반응을 두 가지로 나눌 수 있다. 핑계를 만들어서라도 회피를 하거나 불안함을 없애고 싶어서 무엇이건 준비하려고 한다. 편도체는 우리가 경험하고 있는 상황이 위험한지 안전한지 평가를 해서, 싸울 것인가 도망갈 것인가를 선택하게 한다. 싸워서 이길 수 있을 것 같으면 싸우고, 이기지 못할 것 같으면 도망가게 만드는 것이다. 앞서 말한 싸움-도주 반응이 일어나는 것이다. 여기에서 싸운다는 의미는 자신이 적극적으로 그 문제를 해결하기 위해서 행동을 하는 것을 말한다. **싸움-도주 반응이 일어나는 것은 인간의 자율 신경계가 만드는 매우 지극히 자연스러운 행동이지만, 여기서 문제는 도주가 아닌 싸움, 즉 긴장된 상태가 과도하게 지속되고 있다는 점이다.**

우리는 불안하기 때문에 더 열심히 미래를 준비하기 위해서 긴장 상태를 계속 유지하고 있다. 수험생이든 취업 준비생이든 직장인이든, 매일 미래를 대비하고 또 준비한다. 분명 놀지 않고, 준비하고, 일을 했는데도 불구하고 다음날 눈을 뜨면 여전히 해야 할 일이 쌓여 있다. 이런 상황을 보며 우리는 노력이 부족하기 때문이라고 생각한다. 아무리 노력해도 현실을 바꿀 수 없는 구조적인 문제는 있다. 이 사실을 알고 그런 상황 속 남들의 노력은 '노오오오력'이라고 풍자하면서도, 자신은 노력하면 변할 수 있다고 믿는다. 노력에 '중독'되고 있다. 노력 중독에 더하여 변화의 속도마저 점점 빨라지자 열심히 살고 있지만 왜 이렇게 열심히 살고 있는지 잊어버리고 노력만 한다.

캐나다의 생리학자 한스 셀리에Hans Selye 박사는 춥고 어두운 곳에 쥐를 가두고 막대기로 건드리는 실험을 진행했다. 실험용 쥐를 매우 춥거나 더운 극단적인 온도에 노출하기도 하고, 오랫동안 음식을 주지 않기도 했다. 또한 주사로 통증을 유발하는 등 다양하고 불쾌한 자극을 통해 스트레스를 주었다. 그런 다음 쥐를 해부해서 생리적으로 어떤 변화가 있었는지를 확인했다. 우선 끊임없는 불쾌한 자극들로 인해 스트레스를 완화하는 자율 조절 시스템 영역인 부교감신경계가 많이 망가졌다. 끊임없는 불안감과 초조함으로 실험용 쥐의 혈관이 좁아지고 혈액 순환이 나빠지기 시작하더니 결국 혈관 부분이 헐기 시작하면서 궤양이 생겼다. 지속적이고 불쾌한 자극은 긴장과 이완을 조절하는 뇌 부위인 자율 조절 시스템을 손상한다. 이로 인해 사람은 지나친 긴

장 상태가 지속되어 면역이 약해져 병에 자주 걸리거나, 무기력한 상태에 빠지게 된다.[20]

별일 아닌 것에도 화를 내거나, 주변 사람들에게 짜증을 내거나, 원인을 알 수 없는 복통이나 투통에 시달린다는 등 육안으로 두드러지는 행동이나 태도를 통해 얼마나 스트레스 받았는지 가늠하곤 한다. 그러나 타인이 보기에는 아무 문제없어 보이는 무기력도 엄연히 스트레스의 한 증상이라는 것, 마음에서 시작되어 결국 몸의 문제로 나타날 수 있다는 것을 자연스럽게 받아들여야 한다.

변화한 뇌 때문에
'숲을 보지 못한다'

새로운 직장에 출근한 지 2주 정도 되었습니다. 이전과는 조금 다른 일이라 사수에게 업무를 배우고 있는데, 그것만 생각하면 주말에도 너무 우울합니다. 처음 배우는 일이니까 낯설고 실수하는 것이 당연하다고 알고 있으면서도 익숙해지지 않는 업무 때문에 속이 상합니다. 사수가 우리 업무는 뼈대는 같고 세부 내용이 매번 다른 형식이기 때문에 우선 뼈대를 익히면 쉽다고 말했는데요, 저는 매번 그냥 새로운 일을 하는 것 같습니다.

일을 할 때마다 어떻게 처리해야 할지 모르는 부분들이 나오니 당황스럽습니다. 아무것도 하지 못하고 멍 하니 있을 때가 많아요. 사수에게 매번 물어보는 것도 한계가 있어요. 사수는 제가 질문을 하면, 되묻는 식으로 업무를 가르쳐 주는데 제가 대답을 잘하지 못해요. 지난번에도 비슷한 질문을 했었다고 잘 생각해보라고 하면, 괜히 혼나는 것 같고 주눅이 듭니다. 이제는 팀장님도 제가 무슨 일을 하고 있는지 매번 확인해 볼 정도입니다. '그 다음에는 무엇을 해야 할까?'라는 질문도 자주 하십니다.

지금이야 배운지 얼마 안 되었으니 일 못 하는 것은 당연하다고 스스로 다독여 보지만, 이러다가 시간이 지나도 계속 못 하는 것 아닐까 두렵습니다. 이 일이 저랑 맞지 않는 것인지 하루에도 수십 번 고민합니다. 여기서 이 압박감을 못 이기면 다른 회사 가서도 비슷할 것을 알기에 일단 버티고 있지만, 출근하기가 너무 두렵네요. 오늘도, 내일도 아무 일도 하지 못할 것 같아요.

인간의 뇌는 효율적이다. 적은 에너지를 사용하면서 원하는 결과를 만들어내는 것에 익숙하다. 예를 들어, 처음 가 본 낯선 길은 앞으로 나아가기조차 힘들지만 일단 익숙해지면 어떻게 이 길로 들어섰는지 기억할 수 없다. 운전을 처음 배울 때에도 핸들, 룸미러, 사이드미러를 그저 보기만 하는 것도 버겁더니, 익숙해지면 자신도 모르는 사이에 집에 도착해 있다. 이처럼 처음 배울 때는 에너지를 많이 사용하지만 지속적으로 반복하는 일이라면 우리의 뇌는 '자동화 시스템'을 만든다. 우리가 습관이라고 부르는 것들을 비롯하여 의식하지 않고 할 수 있는 모든 행동들이 뇌의 에너지 세이빙Energy Saving 전략에 따른 것이다.

도구 사용하는 인간의 뇌는
끊임없이 변화한다

미국 애리조나 대학University of Arizona 인류학과의 데이비드 라이칠런 교수 연구팀은 침팬지가 러닝머신에서 걸을 때 에너지의 소모량을 측정했다. 네 다리로 걸을 때와 두 다리로 걸을 때 중 언제 더 많이 에너지를 소모하는지 살펴본 결과 에너지 소모량은 침팬지마다 달랐다. 어떤 침팬지는 직립 보행일 때 에너지 사용량이 가장 적었지만, 또 다른 침팬지는 네 발로 걸었을 때 에너지 사용량이 가장 적었다. 연구팀은 두 발로 걸을 때 에너지 소모량이 적은 침팬지에게 주목했다. 인류가 직립 보행을 하게 된 것은 에너지 소모량이 상대적으로 적기 때문일 것이라고 결론지었다.[21]

인간이 도구를 사용하기 시작한 것도 에너지 세이빙 전략의 하나이다. 도구와 무기는 인간의 생물학적인 약점으로 보이는 특성들을 보완하고 대체했다. 근육, 손톱, 치아를 대신해 도구를 사용하면서 불필요한 에너지 사용을 막았다. 우리의 조상은 200만 년 전부터 돌을 쪼개서 만든 손도끼를 사용했다. 이러한 도구를 사용하면서 인류는 좀 더 쉽게 영양을 섭취하고 더 빠르게 진화했다. 또한 이 과정에서 체중의 2%밖에 되지 않는 인간의 뇌는 전체 에너지의 20%를 사용하게 되었고, 신체 에너지는 덜 사용하게 되었다. 이를 보여주는 예로 진화 심리학자인 딘 포크Dean Falk는 선사 시대에도 아기 포대기Baby Sling가 있었음을 언급했다. 화석의 기록에 따르면 인류의 조상은 육상 생활을 위해서 160만 년 전부터 포대기를 사용했다고 한다. 포대기를 사용하여 아기를 등에 업을 때 인간은 16%의 에너지를 절약할 수 있다.

문자, 책, 자동차를 비롯한 우리가 아주 손쉽게 사용하는 거의 모든 것이 인간의 에너지를 절약할 수 있게 만들어준 도구이다. 문자가 만들어지고 난 후 우리의 생각, 지식, 생활양식을 손쉽게 전수할 수 있게 되었고, 동시에 좀 더 고차원적인 사고를 할 수 있게 되었다. 이를 통해 인간은 에너지를 절약하고 또 다시 인간의 부족함을 보완하기 위해서 도구를 만든다. 도구는 더 효율적으로 도구를 사용하고 생활을 영위할 수 있도록 인간의 사고방식을 바꿔 놓는다.

도구와 인간의 상호 작용을 통해서 인간의 뇌가 더 효율적으로 바뀌어 가는 것을 '신경가소성Neuroplasticity'이라고 한다. 신경가소성은 경험에 의해 인간이 변화할 수 있는 능력이다. 우리의 뇌는 경험에 따라서 재설계를 할 수 있는 능력을 갖고 있다.[22] 인간의 뇌는 평생 끊임없이 변한다. 지금 우리가 책을 읽고 있는 이 순간에도 뇌는 변하고 있다.[23]

일단 만들어진 뇌는 본래 목적에서 벗어나더라도 사용할 수 있다. 국·영·수를 공부하기 위해 뇌를 단련시켰지만, 그 뇌는 국·영·수를 하는 데에만 사용되는 것이 아니라 다른 것을 기억하는 데에도 사용될 수 있다. 공부를 많이 한 사람들이 우리에게 똑똑하다는 인상을 주는 것은 이미 만들어진 뇌를 다른 목적으로 사용하는 뇌의 효율성 때문이다.[24]

스마트폰이 인간의
판단 능력을 망친다

　인간은 도구를 사용하여 에너지를 저장하는 전략을 사용해왔다. 가장 최신의 도구인 스마트폰도 인간의 에너지를 저장하도록 돕지만, 치명적인 단점이 있다. 에너지를 비축해 놓고 더 중요한 일에 그 에너지를 사용하도록 만들어야 하는데 그러지 못한다. 스마트폰의 편리함에 익숙해져 더는 뇌가 에너지를 사용하지 않는다. 스마트폰은 뇌를 돕는 것에서 더 나아가 인간의 뇌 자체를 대체하는 도구가 되었다.

　체력 훈련을 통해 근육을 만드는 것처럼 우리의 뇌도 사용할수록 강한 회로를 만들어낸다. 자주 사용하면 근육처럼 단단해지지만 사용하지 않으면 뇌의 회로는 약해지거나 사라진다. '뇌를 사용하지 않게 되면서 생긴 현대의 질병이 치매'라는 말이 있는 것처럼 뇌를 사용하지 않으면 점점 뇌를 사용하는 능력을 잃는다.[25] 실제 스마트폰으로 인터넷을 사용하는 우리의 모습을 살펴보자.

　궁금한 질문과 그와 관련된 단어를 입력하면 여러 정보가 웹상에 나열된다. 그중에서 자신이 원하는 정보와 비슷한 것을 클릭한다. 자신이 원하는 정보는 복사해서 붙이고 원하지 않는 것은 금방 닫아 버린다. 이 과정에서 자신이 원하는 것과 아닌 것, 'Yes' 혹은 'No'를 판단하는 능력이 발달하기 시작했다. 반대로 자신이 궁금해하는 정보가 어느 분야의 한 부분인지, 어느 맥락에 속해 있는지 이해하려고 노력하지 않는다. 그냥 그 정보만이 필요하기 때문이다. 예를 들어 '청도 소싸움'을 검색하면 단지 '청도라는 지역에 소싸움을 하는 곳이 있다'는 것과 해당 이미지만 보는 식이다. 검색어 하나만으로 청도 지역이 소싸움으로 유명해지게 된 역사적·사회적 맥락을 이해하기 어렵다. 사실 청도 지역이 소싸움으로 유명하다는 것은 그 지역이 소를 매매하기 위해 큰 시장을 형성하고 있다는 것을 의미한다. 소를 판매하는 사람들이 자신의 소가 더 튼튼하고 힘이 세다는 것을 보여주는 한 방법으로 소싸움을 해서 소의 가격을 올렸다. 청도가 농업을 기반으로 한 지역이라는 것도 '청도 소싸움'이라는 단어 하나로는 알 수 없다.

인터넷 검색을 통한 정보 습득은 숲을 보지 못하고 나무의 잔가지 하나만 얻는 식이다. 아주 미세한 정보만을 수집하는 것에 우리의 뇌가 익숙해지면 전체 맥락을 파악하는 방법을 잊는다. 분절된 정보를 수집하는 데 익숙해진 뇌는 생각도 분절해서 하므로 깊고 넓은 맥락을 파악하는 데 어려움을 겪는다. 시간이 흐를수록 맥락을 파악하는 능력은 퇴화하고 분절된 정보만을 파악하는 능력만 발달한다. 결국 즉시 찾을 수 있고 바로 파악할 수 있는 정보를 찾는 욕구만 발달한다.

인터넷에 의하여 변화된 뇌는 우리의 삶도 바꾸었다. 정확한 정보를 파악하고 이를 토대로 판단을 하는 것이 아니라 자신에게 필요한 정보는 취하고 필요 없는 정보는 버리는 방식으로 판단한다. 동시에 인터넷 검색 창을 여러 개 띄워놓고 본다든가, TV를 보면서 인터넷 검색을 하거나, 운전하면서 SNS를 확인하는 등 여러 정보를 한꺼번에 수집한다. 이런 행동을 자연스럽게 할 수 있도록 재정비된 뇌의 구조는 동시에 몇 가지 행동을 하는 것에 익숙해져 편안하게 쉴 수 있는 혼자만의 시간에도 자꾸 동시에 여러 행동을 하려고 한다.[26]

업무를 처리하거나 갈등을 해결할 때, 인간관계를 형성하고 유지하는 데도 영향을 끼친다.[27] 처음 만난 사람을 이해하기 위해서 많은 시간을 쏟기보다는 짧은 시간 동안 수집한 정보만으로 파악하려 한다. 정보 수집 또한 자신이 정한 방식대로 해야 한다고 믿는다. 직장, 연봉, 가정 환경 등 단편적인 질문을 하고는 자신에게 필요한 사람이 아니라고 생각되면 그 사람의 존재 자체를 머릿속에서 지워 버린다. 그 사람에 대한 정보가 자신에게 익숙하고 수용할 수 있는 사실이면 친구가 되지만 불편하면 곁에 두지도 않는다. 한편으론 친구를 만나더라도 그 친구와 함께 있는 것에 집중하지 못하고 스마트폰을 꺼내 단체 메시지를 확인하고 답장하는 데 집중하는 경우를 종종 볼 수 있다. 휴대폰 어플을 여러 개 띄워놓고 많은 활동을 한꺼번에 하는 것처럼 눈 앞의 한 친구에게 집중하지 못하고 여러 친구를 찾는 것이다. 정신과 의사인 마이클 하우소어Michael Hausauer는 이러한 산만한 행동의 이유를 불안하기 때문이라고 진단했다. 또 다른 타인에 대한 지나친 관심은 그 무리에서 낙오되는 것에 대한 불안감을 보여준다.[28]

우리가 주의력을 기울이는 데 사용할 수 있는 뇌의 용량은 정해져 있다. 컴퓨터에 데이터를 저장할 때 정해진 용량을 모두 사용하면 더 이상 저장할 수 없듯이 생각을 많이 하면 할수록 뇌의 용량은 줄어든다. 그 결과 행동을 하는 데 사용할 수 있는 주의력의 용량도 줄어 행동을 할 수 없게 만든다. 10GB의 용량 중에서 생각하는 데 8GB를 사용하면 행동은 2GB만큼만 할 수 있다. 반대로 2GB만큼 생각하면 8GB만큼 행동할 수 있는 여력이 생기는 것과 같은 원리다. 만약 이러한 상황에 불안감, 압박감 등 심리적으로 주의를 기울여야 할 상황이 추가되면 그만큼 사용할 수 있는 용량이 더 줄어든다. 그렇기 때문에 꼭 해야만 하는 일이라면 다양한 변수를 고려하다가 에너지를 다 써버려 행동을 미루게 되는 것보다는 그냥 생각하지 않고 하는 것이 더 낫다. 애플사의 창업자인 스티브 잡스Steve Jobs와 페이스북 설립자인 마크 저커버그Mark Elliot Zuckerberg는 매일 같은 옷을 입었다. 매일 같은 옷을 입으면 옷을 고르느라 고민하지 않아도 되기 때문이다. 그들이 옷을 고르느라 고민하는 대신 다른 사안에 더 집중하고 행동했기 때문에 지금의 애플과 페이스북이 있는 것일지도 모른다.

매일 스마트폰을 보며 뉴스를 보거나 친구의 SNS 사진 등 단편적인 정보를 끊임없이 보고 있는 우리의 뇌는 지금도 행동하는 데 필요한 용량을 잃고 있는지도 모른다.

번아웃 조장하는
사회에 살고 있다

요즘은 일하는 게 버겁습니다. 제가 일 욕심이 조금 있었습니다. 일을 잘하고 싶고, 이왕 일하는 거 인정받고 싶었거든요. 그래서 정말 열심히 일했어요. 다들 퇴근하면 집으로 가잖아요. 저는 퇴근하고 회식을 하더라도 다시 회사로 출근했어요. 해야 할 일이 남아 있기도 했고, 집에 다녀오는 시간이 아깝기도 했습니다.

물론 회사에서 인정을 받고 있긴 합니다. 그런데 요즘 일을 하긴 하는 데 지쳐있다고 해야 할까, 쉬고 싶다고 해야 할까, 아무튼 일하기 힘든 기분입니다. 점심 식사 시간에도 다들 식사를 하러 가는데, 그냥 혼자 있고 싶어서 안 먹을 때도 있습니다. 자꾸 식사를 거르니 무슨 일이 있는지 물어보는 사람이 많아서 어쩔 수 없이 식사

하러 가는 식입니다.

퇴근하고 집에 가서도 몇 시간 정도는 그냥 침대나 소파에 누워 있습니다. 씻을 힘도 없어서 조금 쉬다가 씻을 힘을 만들고 나서 씻으려고 쉬는 거예요. 퇴근하자마자 씻고 누워서 자면 좋겠는데, 한편으론 조바심이나 걱정이 들어요. 승진하는 데 도움이 되는 자격증 공부도 해야 하는데, 해야 한다는 생각만 몇 달째 하는 중이거든요.

'아무것도 안 하고 있지만 더 격렬하게 아무것도 안 하고 싶다'는 많은 사람이 공감하는 문구 중 하나이다. 언제부터인가 '격렬하게 아무것도 하고 싶지 않다'고 하는 사람이 늘고 있다. '쉬고 싶다'고 의식적으로 생각하기도 전에 이미 우리의 몸은 축 늘어져 있거나 졸음이 쏟아져 무거운 눈꺼풀을 견디지 못하고 있다. 자신이 의식하지 못한 사이에 속절없이 흘러간 시간을 보며 시간을 낭비한 것 같아 짜증이 나는 것과 동시에 분명 휴식을 취한 것이나 마찬가지인데 쉰 것 같은 느낌이 들지 않아 당황스럽기도 하다. 이렇게 피곤함을 느끼고 짜증이 나기 시작해서야 요즘 많이 바빴다는 사실을 알아채는 사람도 있다. 우리의 신체는 매우 정직하다. 운동을 하면 근육이 생기고 운동을 안 하면 근육이 사라지는 것처럼 우리가 피곤함을 느끼거나 무기력감을 느끼고 있다면 우리가 인지하지 못하고 있지만 쉬어야 할 때라는 것을 몸은 알고 있다.

인간의 에너지는 한정되어 있다

어느 한 TV프로그램에서 사업을 하다가 부도를 맞은 사람이 소개된 적 있다. 그는 빚 20억을 갚기 위해서 아르바이트를 7개나 하고 있었다. 그는 새벽 신문 돌리기를 시작으로, 또다시 찾아온 새벽 시간에는 목욕탕 청소를 하면서 온종일 열심히 일하며 살아가고 있었다. 몇 년 뒤 동일한 TV프로그램을 통해 그 사람의 근황이 소개되었다. 내용은 충격적이었다. 그는 아르바이트로 일해서 번 돈으로 빚 20억을 모두 갚고 난 후 결국 사망했다.

인간에게는 태어나면서부터 갖고 있는 에너지와 살아가면서 휴식을 통해서 재생산하는 에너지가 있다. 휴식 혹은 운동을 통해서 에너지를 재생산하지 않으면, 결국 자신이 사용할 수 있는 에너지는 고갈될 수밖에 없다. 이와 관련해 한 실험을 살펴보자. 실험 연구팀은 초콜릿 쿠키 굽는 냄새가 가득한 방에 실험 참가자들을 넣어 두고 실험을 진행했다. 실험 참가자들 일부에게는 초콜릿 쿠키를 먹도록 하고 일부 참가자들에게는 쿠키 대신 무radish를 먹도록 했다. 참가자들에게 음식을 다 먹은 후에 어려운 퍼즐을 풀게 했는데, 사실 그 퍼즐은 풀 수 없도록 설계되었다. 퍼즐을 풀기 위해 어느 집단이 얼마나 더 노력하는지 살펴보기 위해 고안해낸 퍼즐이었다. 이 사실을 모르는 참가자들은 쿠키 향을 맡으면서 퍼즐을 푸는 데 집중했다. 그 결과 무를 먹은 집단은 평균 8.35분 동안 퍼즐을 풀다가 포기했고, 쿠키를 먹은 참가자들은 18.9분가량 퍼즐을 풀기 위해서 노력했다.

무를 먹은 집단이 쿠키를 먹은 집단보다 단순히 수행 능력이 떨어진 것일까? 쿠키라는 보상, 기대 심리가 쿠키를 먹은 집단의 수행 능력에 영향을 미친 것일까? 사실 무를 먹은 집단은 쿠키를 먹고 싶은 욕구를 참는 데 자신의 에너지를 소모하느라 퍼즐을 푸는 데 더 많은 에너지를 사용할 수 없었다. 즉, 쿠키를 먹은 집단은 이미 쿠키를 먹었기 때문에 쿠키를 먹고 싶은 데에는 에너지를 쓸 필요가 없었고, 대신 퍼즐을 푸는 데 더 많은 에너지를 쓸 수 있었다. 즉, 무를 먹은 집단은 더 많은 곳에 에너지를 사용하는 바람에 더 빨리 에너지가 고갈되었다. 인간의 에너지는 한정된 자원이기 때문에 한번 소모되면 충전될 때까지 기다려야 한다.[29] 지나치게 활동을 많이 하면 자신이 활용할 수 있는 에너지는 고갈되어, 결국 실험의 퍼즐 풀기처럼 꼭 해야 하는 활동은 할 수 없게 된다.

많은 직장인이 평일에는 업무와 야근, 회식에까지 시달리다가 주말에는 밀린 잠을 보충하느라 여념이 없다. 친구들을 만나거나 여행을 떠날 여유는커녕 주말에 쉬어도 피로감은 사라지지 않는다. 피로는 쌓이고 업무 능률도 떨어지면서, 점점 무기력에 빠진다. 취업 포털 사이트 커리어가 직장인 820명을 대상으로 설문조사를 한 결과, 직장인 85.4%가 만성 피로의 주요 증상인 '무력감'에 시달리고 있었다. 신체적인 피로보다 정신적인 피로감을 더욱 호소했다.

연탄이 다 타고 나면 연탄의 재가 하얗게 되듯이 사람도 휴식을 통해서 재충전하지 않고 일만 하다 보면 다 타버려서 정신적인 탈진 상태에 빠지게 된다. 자기 일에 열정을 갖고 몰두하던 사람도 자신의 에너지를 모두 소진해 버리면서 극도의 신체적·정신적 피로와 무기력을 겪는데, 이를 번아웃 증후군Burnout Syndrome이라고 한다. 장작이 불타올랐다가 꺼지고 나면 재밖에 남지 않듯이 갑자기 모든 것이 소진되어 업무뿐만 아니라 일상에서도 무기력함을 겪는다.[30]

번아웃 증후군 증상

Self Check[31]

매우 그렇다(5점), 자주 그렇다(4점), 가끔 그렇다(3점), 보통 그렇지 않다(2점), 전혀 그렇지 않다(1점)로 나눠 1점부터 5점까지 점수를 매긴다.

____ 기력이 없고 정신적으로 완전히 지쳤다.

____ 자주 화를 내고 다른 사람 입장에 공감이 되지 않는다.

____ 사소한 일로 쉽게 짜증이 난다.

____ 직장 생활에 대해 부정적인 말을 자주 한다.

____ 기대한 것보다 성과를 잘 내지 못하고 있다.

____ 직장에서 무시당하는 기분이 든다.

____ 성과를 내야 한다는 압박감에 시달린다.

___ 자신과 맞지 않는 조직에 있거나 맞지 않는 일을 하고 있다.

___ 직장에서 자신이 원하는 목표를 달성하지 못하고 있다.

___ 자신이 소화할 수 있는 일보다 많은 업무가 주어졌다.

___ 일에 대한 성취감이 없고 스스로 잘 해낼 수 있을 것 같지 않다.

___ 회사의 조직 문화가 업무의 성과나 수행 능력을 저하시킨다.

___ 우울하다고 표현하기 힘들 정도로 에너지 고갈 상태이다.

___ 어차피 열심히 일해도 자신이 인정받을 수 없다고 생각한다.

___ 열정적으로 하던 자신의 일이 부질없게 느껴진다.

점수 합계

18점 미만 : 정상

19~32점 : 번아웃 증상이 약간 있는 수준

33~49점 : 번아웃이 발생할 가능성이 있는 단계

50점 이상 : 번아웃 증상이 뚜렷한 상태

60점 이상 : 전문가의 도움 필요

2016년도 『하버드 비즈니스 리뷰Harvard Business Review, HBR』에서 심리학자 크리스티나 매슬랙Christina Maslach은 직장에서 지속적인 스트레스로 인한 탈진, 비능률, 냉소주의를 번아웃 증후군의 세 가지 증상으로 구분했다. 그중에서 탈진은 번아웃 증후군의 핵심 증상으로, 정신적·정서적·신체적으로 겪게 되는 극심한 피로감을 말한다. 휴식을 취하지 않고 너무 많은 일을 밤낮으로 매일 하다 보면 정신적인 고갈 상태가 되어 집중력이 떨어지고 자신이 하고자 하는 일에 대한 방향성을 잃는다. 일상적인 업무뿐만이 아니라 자신이 좋아하는 취미 활동에도 집중하기 어려워지면서 극심한 피로감을 느낀다. 정신적으로 탈진을 하면 열심히 해도 제대로 일이 돌아갈 것 같지 않다고 생각하거나 아주 사소한 일에도 짜증과 분노를 느낀다. 긍정적인 감정보다는 부정적인 감정을 더 크게, 더 많이 느낀다. 감정적으로 탈진을 하면 사람 만나는 것을 피하게 된다. 다른 사람들의 기분을 맞춰줄 수 있는 마음의 여력이 없기 때문이다. 마음의 여유가 없을수록 상대방의 사소한 행동에도 짜증이 나기 때문에 웃으면서 넘어갈 수 있는 일도 혼자 욱하고 상대방과 싸우게 된다. 아주 사소한 갈등으로도 좌절감을 느끼기 때문에 사람을 만나지 않고 혼자 있으려고 한다. 신체적으로 탈진이 되면 무기력을 경험한다. 머릿속으로는 해야 할 일을 계속 생각하고 있을지라도 몸을 움직이지 못하는 경우가 빈번하다. 자신도 모르게 몸이 늘어져 있거나 계속 잠이 쏟아져서 일어나지 못하고 잠에 빠져 있게 된다.

번아웃 증후군으로 인해 극심한 피로감을 겪는 사람들은 자신의 능력이 떨어졌다고 느낀다. 평상시에는 잘 할 수 있는 일도 끝내지 못할 것 같은 생각에 사로잡혀 걱정한다. 실제로 에너지가 다 고갈된 상태이면 자신의 역량을 발휘하지 못하기 때문에 업무 능력이 낮아질 수도 있다. 이에 더해 에너지가 소진된 상태에서는 감정 소모를 최소화하게 되는데, 업무에 대한 열정이 있던 사람도 소진 상태에서는 냉담해진다. 자신이 추진하는 업무나 프로젝트에 열정을 갖고 임해야 하는데 소진 상태에서 냉담해졌기 때문에 업무에 대한 몰입이 줄어들게 되고, 고객이나 동료 혹은 직장 상사 등을 냉소적으로 대하면서 갈등이 생겨도 적극적으로 해결하려고 하지 않는다.

번아웃 증후군의 증상은 서로 연관되어 있다. 하나의 증상이 다른 증상을 이끌어내기도 하고 사람에 따라서 드러나는 증상이 다르기도 하다. 연구자에 따르면 어떤 사람은 탈진 증상만 보이기도 하고, 어떤 사람은 능률이 낮아지는 것 때문에 힘들어하기도 한다. 탈진과 비능률이 오면서 냉소주의는 오지 않기도 한다.[31]

끊임없이 비교하는 한국 사람, 번아웃 증후군 빨리 많이 온다

자신이 속해 있는 사회나 상황이 어떻게 바뀌느냐에 따라서 한 사람의 행동 양식이 변한다. 사회적인 인간이기 때문에 상황, 관계, 개인의 특성에 따라서 자신이 하는 행동이 달라지는 것이다. 개인이 가진 여러 가지 내적인 특성과 요인은 사회적인 환경과 맥락 속에서 만들어지는 것이며, 그와 동시에 개인도 자신의 사회적 환경과 맥락을 적극적으로 구성하는 존재다.[32] 재미있는 사실은 사람들의 감정이 전염되는 것처럼 특정한 행동에도 전염성이 있다는 것이다. 한 사람의 사회적인 행동에 영향을 미치는 것은 행위자와 상황으로, 이는 각자 독립적으로 작용하기보다는 상호 작용한다.

이러한 사람-상황 상호 작용은 여러 형태가 있을 수 있다. 같은 상황에서 서로 다른 부분을 주목하거나 상황에 대한 의미를 다르게 해석하며,[33] 모든 인간은 자신에게 주어진 상황 속에서 다른 사람들과 영향을 주고받는다.

이러한 인간의 특성상, 우리는 자신도 모르게 다른 사람들의 삶과 자신의 삶을 비교하면서 산다. 자신이 남들과 비교한다고 인지하지도 못한 채로 살면서 자신의 삶에 만족하지 못한다. 이와 관련된 실험이 하나 있다. 2011년 EBS〈다큐 프라임〉의 '마더 쇼크Mother Shock' 편에서는 미국과 한국 여성의 뇌를 비교하는 실험을 했다. 한국과 미국, 각 나라 10명의 여성들이 자신의 자녀 한 명과 짝을 지어 실험에 참여했다. 실험에 앞서 뇌가 어떻게 반응하는지 분석하기 위해 자기공명장치를 설치했다. 자신은 4천 원을 받았는데, 다른 사람은 2천 원을 받았다는 사실을 알게 되었을 때와 6천 원을 받았다는 사실을 알게 되었을 때 뇌는 어떻게 반응하는지 살펴보았다. 실험 결과는 누구나 예상할 수 있다시피 다른 사람이 2천 원을 받았다는 사실을 알았을 때는 만족하고, 자신보다 더 많은 6천 원을 받았다는 사실을 알았을 때 만족하지 않는 반응을 보였다. 여기서 놀라운 것은 한국 여성에 비해 미국의 여성들은 자신이 4천 원을 받았다는 사실 자체에 만족한다는 반응을 보였다는 점이다. 다른 사람이 자신보다 더 많은 돈을 받았는지 적게 받았는지 알게 되더라도 신경 쓰는 사람이 없었다. 한국 사람의 뇌는 자신과 남을 비교하는 의식으로 가득 차 있지만, 미국 사람은 타인을 의식하는 것 자체가 미미했다.

우리는 참 열심히 살고 있다. 취업하기 위해서 영어 말하기부터 자격증, 인·적성 검사까지 뭐 하나 빠짐없이 준비하고 대비한다. '스펙을 보지 않겠다'는 외침이 들려오지만, 그렇다고 해서 아무 준비를 안 해도 되는 것은 아니다. 오히려 어떤 스펙을 준비해야 할지 모르기 때문에 더 많은 것을 준비해야 한다. 준비할 수 있는 것이 있다면 자격증에서부터 외모, 인성까지 모두 빠짐없이 준비해야 한다고 생각하는 사람이 많다.

취업을 했어도 험난하다. 우선 인턴이나 계약직을 거쳐야 한다. 언제 계약이 해지될지 모르고 언제 이직을 할지 모른다는 생각에 자기 계발에 대한 압박감을 늘 느끼고 있다. 일단 영어는 잘해야 할 것 같아서 영어 성적표를 계속 갱신하고, 여전히 자격증을 준비하고 있다. 때론 인생을 즐기는 것처럼 보이는 취미 활동을 하기도 하지만, 이마저도 대부분 나중에 작은 사업체를 꾸려 활용할 가능성을 지니고 있다.

이직을 위한 자기 계발만 하는 것도 아니다. 직장에서의 업무 능력을 높이기 위해 직무 교육을 받는 것도 게을리하지 않는다. 필요하다면 퇴근 후 학원에 다녀서라도 업무에 도움이 되는 것이라면 배워야 한다고 생각한다. 업무가 몰리더라도 군말하지 않는다. 회사에서 일을 많이 한다는 것은 자신의 실력이 높다는 것이려니 생각하고 다 해내려고 노력한다. 모든 일이 자신의 커리어가 되고 실력이 되기 때문에 열심히 하는 것은 당연하다고 생각한다. 실적이 없으면 회사에서 버티기 힘든 조직 분위기, 근속 연수가 긴 선배들을 찾아보기 힘든 상황에서, 끊임없이 노력해 실력을 갖추는 것은 당연한 일이다.

우리는 미래를 대비하기 위해서 무엇이든 준비하는 것을 당연하게 생각한다. 그 누구도 강요한 적은 없지만 준비하지 않으면 안 된다고 생각한다. 미래를 준비하는 것을 현명한 일이라고 칭찬하고, 그로 인해 바쁜 것도 당연하다고 생각한다. 언제부터인가 바쁘게 사는 사람을 성공한 사람으로 여기기 시작했다. '잉여'라는 개념을 사용하여 바쁘지 않으면 쓸모없는 사람이라며 자조했다. 우리도 모르는 사이에 '바빠야만 한다'는 생각이 깊게 자리 잡았다.

인간은 사회의 일부이기도 하지만 자연의 일부이기도 하다. 에너지를 사용한 만큼 휴식을 통해서 에너지를 재생산하고 새로 만들어진 에너지를 사용하는 순환을 통해서 생존한다. 경쟁 권하는 사회, 열심히 사는 사회 분위기에만 집중하여 남과 비교하고 노력하다 보면 결국 육체적으로도, 정신적으로도 자신을 잃는 순간이 온다.

선택할 것이 너무 많아서
결정하지 못한다

얼마 전에 회사가 이사했습니다. 이사를 하는 김에 버릴 것은 버리고, 새로 사야 할 물건들은 사기로 했어요. 여러 팀에서 구매 목록 리스트를 작성해서 저에게 전달해 주었고, 이번 주 내내 저는 그 리스트를 보며 쇼핑 아닌 쇼핑을 해야 했습니다. 결과적으로, 아무것도 사지 못했습니다. 펜 하나 고르는데도 고민이 이만저만이 아닙니다. 사람마다 펜 쓰는 취향이 다 다르잖아요. 잉크 펜을 좋아하는 사람도 있고, 얇은 촉을 좋아하는 사람도 있을 것이고… 외근 나가서 일일이 써 보고 사야 할 것 같아요.

사실 펜보다 더 중요한 구매 물품이 있습니다. 바로 컴퓨터입니다. 컴퓨터의 사양뿐만 아니라 가격, A/S 서비스 여부 등 알아봐야 할 것이 너무 많아요. 제 딴에는 이것저것 비교하느라 머리가 터질 지경인데, 회사 사람들이 얼른 사라고 재촉해서 속상합니다. 이 정도면 그만 알아봐도 된다고 하면서요. 빨리 결정해서 사 버리면 저도 편하고 좋습니다. 하지만 섣불리 샀다가 더 저렴한 가격으로, 더 좋은 사양의 컴퓨터를 발견하면 어떻게 합니까? 다들 저를 탓할 겁니다. 고군분투하느라 힘들고 피곤하긴 하지만, 조금 더 조사해 보려고요.

1982년에 실시된 심리 연구에 따르면 설문 대상자인 학생들의 52%가 해야 할 일을 미루는 자신의 행동 때문에 다른 사람의 도움이 필요하고, 75%의 학생들은 자신을 결정 장애자라고 생각했다.[34] 미국의 버몬트 대학University of Vermont의 연구에 따르면 46%의 학생들이 문서 작성을 미루거나 30%에 가까운 사람들이 시험공부와 과제를 미룬다고 응답했다. 25%의 학생들은 미뤘기 때문에 피해를 봤다고 응답했다.[35] 이들은 시험공부와 문서 작성을 미루는 자신의 지연 행동을 줄이고 싶다고 응답했다. 우리나라의 한 포털 사이트에서는 성인 남녀 2,148명을 대상으로 '평소 결정 장애를 겪는지' 물었다. 그 결과 성인 남녀 10명 중 7명인

70.9%가 결정 장애를 겪고 있다고 답변했다. 예전이나 지금이나 동서양을 막론하고 미루는 행동들은 있었던 셈이다. 어차피 해야 할 일인데 불필요하게 미루는 것을 심리학에서는 '지연 행동'이라고 말한다.[36]

사람들은 다양한 이유로 결정을 미룬다. 대학생들을 대상으로 한 연구에 따르면 다짐만 하면서 해야 할 일을 미루는 지연 행동은 자신의 능력 부족 때문이 아니라 그 일이 재미가 없거나 부담스럽다고 생각하기 때문이다.[37] 같은 지연 행동이라도 성별에 따라 서로 다른 양상을 보인다. 남성은 '자신이 잘 모르는 것'을 선택해야 할 때 결정을 미루지만, 여성은 '자신이 선택한 결과를 예측하기 어려울 때' 결정을 미룬다. 이유야 어찌 되었든 간에 많은 이들이 자신이 해야 할 결정을 미루는 사이에 기회를 놓치곤 한다. 결과적으로 상황이 악화될 것을 알고 있으면서도 해야 할 일을 미루는 것이 바로 '결정 장애'이다.[38] 학자들은 결정 장애를 진단하는 세 가지 행동 기준으로 반생산적인 행동, 불필요한 행동, 지연 행동을 제시했다.[39]

선택을 미루는 사람들 중 일부는 자신이 해야 할 일을 미루면서도 결국에는 어떻게든 될 것이라고 긍정적으로 생각한다. 하지만 시간이 지나 계획에 차질이 생기기 시작하면 불안해 하고 압박감을 느끼고 후회도 하면서 걱정하기 시작한다. 물론 아직 시간은 남아 있으니 또 '어떻게든 되겠지' 하고 생각하면서 일을 미룬 자신을 탓한다. '내가 이렇게 게으른 사람이었나', '이렇게 미루면 안 되는데'라고 후회하면서도 지금이라도 시작할지, 포기할지 또 고민한다. '다음부터는 미리 해봐야겠어'라며 혼자 다짐하지만 사실 그다음에도 미루면서 후회하는 일은 자주 반복된다.[40] 결정 장애를 겪는 사람들은 이 모든 과정을 '귀찮다'라는 말 한마디로 표현하며, 또다시 결정을 미룬다. 주목할 점은 현대에 들어 더 많은 사람이 더 잦은 횟수로 '귀찮음'을 느끼며 결정을 미룬다는 사실이다. 독일의 심리학자이자 저널리스트 바스 카스트Bas Kast는 '자신의 운명을 스스로 결정하지 못하던 속박의 상황에서, 끊임없이 결정해야 하는 속박의 상황으로 바뀌었다'고 말했다.

너무 많은 선택의 기회는 악몽이다

궁금한 것이 있을 때마다 휴대폰을 열어 검색만 해도 원하는 정보를 쉽게 얻을 수 있다. 우리는 많은 양질의 정보를 쉽게 얻을 수 있는 시대에 살고 있지만, 사실은 더 결정을 하지 못하는 '선택의 역설Paradox of Choice'을 겪고 있다. 심리학자인 배리 슈워츠Barry Schwartz는 선택할 수 있는 것이 많을수록 더 큰 불안감과 불만을 느끼게 되고 결정을 하지 못한 채 우유부단한 행동을 하게 된다고 하면서 '선택의 역설'이라는 단어를 사용했다.

선택을 할 수 있는 것이 많을수록 행복감이 계속 증가할 것 같지만 일정 수준을 넘어서면 행복감이 감소한다. 『선택의 심리학The Art of Choosing』의 저자 쉬나 아이엔가Sheena Iyengar 교수는 실험 참가자들에게 초콜릿의 맛에 대해 1점부터 10점까지 평가하라고 했다. 실험 참가자 중 일부는 6종류의 초콜릿 맛을 평가했고, 나머지 사람들은 30종류의 초콜릿을 맛보았다. 초콜릿의 종류가 더 적은 실험 참가자들은 초콜릿의 맛에 더 후한 점수를 주었다. 연구 참여에 대한 답례로 맛을 평가한 초콜릿 중 마음에 드는 것을 선택하여 가져가라고 했더니, 6종류를 평가한 실험 참가자 집단은 거의 50%의 인원이 초콜릿을 선택해 가져갔다. 그러나 30종류를 평가한 사람들은 12%만이 초콜릿을 가져갔다. 선택을 할 수 있는 기회가 많을수록 더 선택하지 못하는 아이러니한 상황이 생긴 것이다.

이런 현상이 생기는 이유는 인간이 정보를 인식할 수 있는 개수가 7개에서 최대 9개이기 때문이다. 인간이 인지할 수 있는 최대의 개수를 넘어가면 우리 뇌는 용량의 한계 때문에 선택지를 기억하지 못한다. 이와 관련하여 미국의 심리학자 조지 밀러George Miller는 7+2를 신비의 수라고 말하기도 한다.

선택지가 많으면 행복감이 감소하다 못해 불행해지기도 한다. 그 이유를 세 가지로 정리할 수 있는데, 첫 번째 이유는 선택지가 많을수록 결국 버릴 수밖에 없는 대안 역시 늘어나기 때문이다. '기회비용'이라는 손실이다. 신경 경제학에 따르면 인간은 이득과 손실이 같은 크기로 발생했더라도 손실 쪽을 더 강하게 느낀다. 두 번째 이유로 기대감을 들 수 있다. 결정을 내리기 위해 여러 선택지 중 고심하고, 그 과정에서 최종 선택한 대안에 대한 기대감이 커지기 마련이다. 불행히도 기대가 크면 실망이 큰 법이다. 혹여 꼭 마음에 든 선택이 아니라 어쩔 수 없는 선택을 했다면 자신의 결정에 대해 더욱 낙담하게 된다. 세 번째 이유는 죄책감이나 후회의 여지가 생긴다는 사실이다. 선택의 기회가 많을수록 자신이 한 선택은 자신을 괴롭히는 계기가 되기도 한다. 심각한 뇌 손상을 입은 자녀의 연명 치료를 결정할 때, 미국에서는 연명 치료 여부를 부모가 결정한다. 프랑스에서는 그 결정을 의사가 한다. 부모가 직접 연명 치료를 거부한 경우, 부모는 죄책감에 시달리면서 자신의 결정을 두고두고 후회한다. 반면에 의사가 연명 치료 중단을 결정하는 프랑스의 경우, 부모는 아이를 포기한 것이 불가피했다고 생각을 하므로 죄책감이 덜하다.

불행을 겪지 않을 탈출구는 되도록 결정을 미루는 것이다. 실제로 미루는 습관은 늘어나는 추세다. 미국의 연구 결과를 보면 '일을 습관적으로 미룬다'고 밝힌 미국인이 26%로 나타났는데, 이는 30년 전인 1978년(5%)보다 5배나 늘어난 수치다. 미국인의 40%는 미루는 습관 탓에 경제적 손실을 겪은 것으로 추정된다.

최적의 솔루션 vs
적절한 솔루션

선택의 역설 속에서도 우리는 선택을 해야 한다. 선택을 앞두고 사람들은 각기 다른 기준에 따라 결정을 내리는데, 이를 크게 두 가지 유형으로 나눌 수 있다. 자신이 정해 놓은 최저 기준만 충족하면 선택하는 만족주의자Satictisfiser와 자신이 선택한 기준은 있지만 혹시라도 더 나은 것이 있는지 확인하는 최소기준주의자Maxmiser가 있다. 1956년에 경제학자 허먼 사이먼Herman Simon은 '최적의 솔루션보다 적절한 솔루션을 우선으로' 두는 의사 결정 스타일을 설명하는 용어로 'Satisficer*'를 소개했다. 행복 프로젝트로 전 세계 200만 독자를 열광시킨 『무조건 행복할 것The Happiness Project』의 저자 그레첸 루빈Gretchen Rubin은 '만족주의자들은 자신이 정한 기준이 어느 정도 충족 되면 일단 정한다'고 설명했다. 이와는 반대로 Maximizer**는 '최상의 결정을 내리고자 하는 욕구가 있어서 자신이 정한 기준에 모두 충족하는 것을 찾을 때까지 모든 선택지를 점검하면서 결정을 미루는' 사람들이다.

많은 연구자들은 만족주의자Satisficer 혹은 최소기준주의자Maximizer 중 어느 한쪽에 속한다는 것은 행복감과 건강한 삶에 큰 영향을 미칠 수 있음을 암시했다. 실제로 최소기준주의자는 만족주의자보다 삶의 만족도와 행복감, 낙관성, 자부심이 훨씬 낮고 더 많은 후회와 우울증을 보인다. 최소기준주의자는 사회적인 비교와 '두 번째 방법을 선택했다면 어땠을까?'와 같은 조건법적인 생각을 보일 가능성이 높다. 가장 좋은 선택을 위해 모든 선택지를 분석하는 것이 객관적으로 더 나은 결과를 낳게 될지는 몰라도, 최상의 결과만을 좇는 것은 결정 사항과 관련해 궁극적으로는 더 많은 불안과 후회, 더 적은 행복과 만족으로 이어진다.

최소기준주의자들은 완벽주의자들과 닮았다. 완벽주의자는 '무결점'을 추구하기에 선택지를 전부 비교·분석한 뒤 확신이 섰을 때 결정하려고 한다. 철저한 탐색을 거쳐 마침내 결정을 내렸더라도 결코 만족하지 못한다. 다른 곳에 더 좋은 것이 있을지 모른다고 끊임없이 의심하기 때문이다. 미국에서 대학생 500명이 직장을 구하는 과정을 추적하여

---

*   Satisfy: 만족시키다
**   Maximize: 최대화하다

연구했다. 연구에 따르면 완벽주의자는 많은 회사에 입사 원서를 보낸다. 심지어 1천 장이 넘는 입사 지원서를 보낸 사람도 있었다. 몇 달 뒤 다시 이들을 만나 보니 상당히 좋은 직장에 취직한 상태였다. 초봉도 다른 학생들보다 평균 20%나 많았다. 하지만 객관적 성공이 주관적 만족으로 이어지진 못했다. 완벽주의자는 구직 과정에서 비관적이었고 스트레스를 많이 받았으며 입사 후에도 여전히 걱정과 불안에 시달렸다. 구직 결과에 대한 만족도도 당연히 낮았다.

그들은 비현실적이지만 장점만 있고 단점이 없는 결정을 찾지 못하면 실패했다고 생각한다. 그래서 선택지를 비교하는 준비만 끝없이 되풀이한다. 자신을 '완벽한 준비자'라고 부르기도 하는데 실제로는 시작도 하기 전에 제풀에 지친 사람에 가깝다. 미국의 심리학자 닐 피오레Neil Fiore는 "완벽주의자는 사소한 실수에도 치명상을 입는다. 혈우병 환자가 칼에 베인 것 같다. 자신의 결정이 '평범하다'는 평가를 받으면 '인간으로서 실패했다'는 뜻으로 받아들인다. 극단적인 경우에는 자기 일과 인간으로서 자신의 가치를 동일시한다."고 완벽주의자를 진단했다.

또한 닐 피오레는 완벽한 결정을 하고자 하는 경향은 어렸을 적 부모와의 관계에서 비롯되었다고 말한다. 사람은 보통 아주 어렸을 때 부모로부터 받은 메시지에 따라 의사결정 스타일이 결정된다. 완벽주의자들은 어린 시절 존재 자체로 사랑을 받지 못하고 성취나 성공 혹은 특정 조건을 갖추었을 때 부모로부터 사랑을 받는다고 느꼈을 가능성이 높다. 이때 사랑을 받기 위해서는 완벽해야 한다는 무의식적인 믿음을 갖게 된다.

자신이 수행한 일이 자신의 가치와 미래의 행복을 결정한다고 믿는 마음이 클수록 압박감은 커진다. 이때 결정을 미루면 잠시나마 그 압박감에서 벗어날 수 있다. 일종의 도피다. 일하지 않으니까 실패 혹은 실수에 대한 두려움도 사라진다. 가끔은 자신이 결정을 미루는 바람에 남이 대신 결정해주기도 한다. 그러면 나중에 문제가 발견되더라도 책임질 필요가 없어진다. 결정을 미룬 덕분에 예상치 못한 보상을 받기도 하고, 적어도 '있는 것이라도 지키자'라는 선택을 한다. 그 길은 결국 안전한 길이라기보다는 매너리즘의 또 다른 시작점이 될 지도 모른다.

지금
이 상태가 좋다

이직하고 싶은데 이력서를 쓰고, 지원하는 것이 왜 이리 힘들고 귀찮은지 모르겠습니다. 사실 지금 있는 회사가 안 좋은 것은 아닙니다. 업무 강도가 그리 높지 않으면서, 연봉도 괜찮게 받습니다. 동료들과 아주 친밀한 관계는 아니지만, 회사 생활 하는 데 무리는 없어요. 집이랑 가까워서 통근하기도 편하고요. 하지만 제가 평상시에 관심 있던 회사가 아니다 보니 늘 이직을 고민하게 됩니다.

'대기업 공채 공지가 뜨면 이력서를 쓰고 이직을 해야겠다'고 늘 다짐하지만, 뭔가 귀찮습니다. 지원 자격 요건을 충족하기 위해서는 자격증 유효 기간도 갱신해야 하고, 그러려면 다시 공부도 해야 합니다. 그렇게까지 해서 이직에 성공했더라도, 월급은 그다지 오르지 않고 일만 더 많아지는 것은 아닐지 의심이 듭니다. 워라밸을 위해서는 이직하는 것보다 여기 있어야 할 것 같기도 하고요. 이런 저런 생각이 드니까 이직 준비가 귀찮네요.

사람들은 생각보다 지금 현재 상태에서 벗어나는 것을 아주 싫어한다. 점심 메뉴를 고르더라도 새로운 식당이 아니라 자주 가는 식당에 가는 게 편하고 커피를 마시러 가도 가던 곳으로만 간다. 화장실에 가더라도 자신이 한 번 이용한 칸을 이용하고, 수업을 들어도 한 번 앉은 자리에 다시 앉는다. 함께 오래 일한 거래처도 이번 기회에 바꿔야 할 것 같지만 새로운 회사를 공들여 알아봤다가도 결국 거래처를 바꾸지 않는다. **새로운 시도를 했다가 후회하는 것보다 그냥 유지하면서 손해를 보는 게 낫다고 생각하기 때문이다.**[41] 직장을 바꾸는 일을 중요하다고 생각하고 있음에도 불구하고 막상 이직하려고 하면 지금 다니고 있는 직장의 좋은 점이 자꾸 눈에 띄는 이유도 이와 일맥상통한다.

사람들은 현재 상황이나 행동을 특별한 일이 없는 한 바꾸지 않으려는 경향을 가지고 있다. 이를 현상 유지 편향 Status quo bias이라고 한다. 윌리엄 사무엘슨William Samuelson과

리처드 제크하우저Richard Zeckhauser가 1988년 『위험과 불확실성 저널Journal of Risk and Uncertainty』에 발표한 「의사 결정에서 현상 유지 편향Status quo bias in Decision Making」이라는 논문에서 처음 작명한 것으로, 이들은 사람들이 현재의 상태에 그대로 머물고자 하는 바람을 생각보다 아주 강하게 갖고 있다는 것을 실험을 통해 입증했다. 이후 이를 뒷받침하는 수많은 논문이 발표되었다.

기업들은 소비자들의 현상 유지 편향을 적극적으로 활용한다. 예를 들어 이메일을 사용하는 대부분의 사람은 각기 다른 사이트를 선호한다. 그런데 그 선호도는 여러 사이트를 비교 분석해서 선택한 결과가 아니라 가장 먼저 사용했기 때문에 계속 사용하고 있는 경우가 많다. 이들은 새로운 이메일 시스템을 접하면 어떻게든 자신이 사용하고 있는 이메일 시스템의 우수성을 찾아내려 노력하며, 자신이 사용하고 있는 이메일 시스템이 부족하거나 뒤떨어진다는 사실을 발견하더라도 그건 별로 중요한 것이 아니라고 생각한다.

같은 이치로 소비자들의 브랜드 충성도Brand Loyalty가 매우 높은 것도 현상 유지 편향 때문이다. 소비자들의 현상 유지 편향을 잘 아는 기업들은 어떻게 해서든 소비자를 선점

先占하려고 애를 쓴다. 특히 어린이를 대상으로 한 마케팅도 바로 그런 선점 효과를 이용해 브랜드와 평생에 걸친 관계를 맺게 하려는 것이다. 일단 확보한 고객을 다른 곳으로 가지 못하게끔 붙잡아 놓으려는, 즉 현상 유지 편향을 유지시키려는 마케팅을 가리켜 'CRM 마케팅Customer Relationship Management Marketing' 또는 '로열티 마케팅Loyalty Marketing'이라는 개념이 따로 있을 정도이다.

컬럼비아 경영 대학원 교수 마이클 모부신Michael J. Mauboussin은 기업들이 현상 유지 편향을 잘 활용하려면 '기본 선택Default Option'을 잘 만들어야 한다고 강소한다. 예를 들어 지리적으로 인접한 독일과 오스트리아의 국민들이 장기 기증에 동의한 비율을 살펴보자. 독일 국민들은 12%만이, 오스트리아는 국민 중 99.98%가 장기 기증에 동의했다. 이는 오스트리아의 국민성이 높아서가 아니라, 단순히 현상 유지 편향 때문이다. 독일에선 장기 기증을 원하는 사람들에게 동의서를 작성하도록 해 장기 기증을 안 하는 것이 기본 선택이다. 반면 오스트리아는 장기 기증에 동의하는 것을 기본 선택으로 삼고, 원하지 않는 국민은 누구나 전화 한 통화로 거부 의사를 밝히도록 하고 있다. 즉, 오스트리아에는 장기 기증을 선택한 사람이 많은 것이 아니라, 장기 기증을 거부하려고 전화 하는 사람이 0.02%밖에 되지 않는 것이다.

현상 유지 편향을 속칭 '귀차니즘'이라고 하는 이유도 여기에 있다. 위의 사례에서 독일의 장기 기증 여부 선택 방식을 '선택 가입Opt-in 방식', 오스트리아의 방식을 '선택 탈퇴 Opt-out 방식'이라고 한다. 사람들은 단지 '귀찮다'는 이유만으로 별생각 없이 '선택 가입'과 '선택 탈퇴'를 모두 거부하기 때문에 애초에 '선택 탈퇴 방식'으로 설계를 하는 것이 장기 기증을 받는 데에 절대적으로 유리하다. 이 경우의 현상 유지 편향을 가리켜 '디폴트 편향Default bias'이라고 한다. 미리 정해 놓았다는 의미에서 '기정 편향'으로 번역해서 쓰기도 한다. 공공 정책과 관련해 이런 문제를 다루는 것을 '선택 설계Choice Architecture'라고 하며, 선택 설계를 중심으로 한 사회 개혁 방식을 '부드러운 간섭주의Soft Paternalism' 또는 '넛지 Nudge'라고 한다.[42]

현상 유지 편향은 손실 회피와 소유 효과가 동시에 작용한 결과인데, 이 모든 것을 포괄하는 이론을 가리켜 '전망 이론Prospect Theory'이라고 한다. 이는 인간의 행동이 어떤 경우에는 합리성과는 거리가 멀고 주변 환경이나 심리적 요인에 의해 영향을 받는다는 주장으로, 심리학자이자 행동 경제학자인 대니얼 카너먼Daniel Kahneman과 에이머스 트버스키Amos Tversky가 1979년에 제시했다. 이들은 한 연구에서 캘리포니아 사람들은 어떤 전력 요금을 선호하는지 파악했다.[43] 사람들은 전기 회사에 대한 신뢰도나 요금에 따라 전기 회사를 선택하고 사용하기보다는 그냥 쓰던 것을 그대로 쓰려고 하는 현상 유지 편향을 58~60% 가까이 보여 줬다.

또 다른 연구에서는 손실 회피외 소유 효과를 좀 더 명확히 살펴볼 수 있다. 실험 참가자들을 두 그룹으로 나눠 A그룹의 참가자들에게는 현금으로 자산을 상속받아서 주식이나 채권에 투자할 수 있게 했다. B그룹은 중간 정도의 위험을 가진 회사의 주식을 상속받은 후, 이를 처분해서 다른 곳에 투자할 수 있다고 알려 주었다. 자산을 현금으로 물려받은 그룹은 각자 자신의 성향에 맞게 투자한 반면에 B그룹은 자신의 투자 성향과 상관없이 물려받은 것을 그대로 보유했다. 이미 갖고 있는 주식을 처분해 새로운 곳에 투자해서 후회하는 상황이 생기는 것보다 갖고 있는 것을 그대로 유지하는 것이 이익이라고 생각했기 때문이다. 현금으로 상속받은 사람이 투자했다가 손해를 봤을 때와 상속받은 주식을 처분해서 투자한 주식에서 손해를 본 경우, 후자가 더 크게 손해 본 느낌을 갖는다.

우리가 회사에서 느끼는 귀찮음은 그저 '일하기 싫음'으로 끝나는 것이 아니라 현실에 안주하고 있다는 말이기도 하다. 그간 해 왔던 일들, 주어진 일들을 제대로 해내는 것도 업무의 영역이기 때문에 현상 유지만으로도 나쁘지 않다고 생각할 수 있다. 그러나 귀찮다는 이유로 아무런 변화나 시도 없이 지금의 상태를 반복한다면 결국 직장 상사가 지배하는 업무의 패턴에서 벗어나지 못하고 계속된 무기력에 시달리게 될 수도 있다. 미국 북동부와 캐나다 국경에 위치하는 나이아가라 폭포Niagara Falls에서는 매년 수백 명이 빠져 죽는 사고가 발생한다. 아름다운 폭포를 넋 놓고 구경하다가 물에 빠지고 마는 것이다. 물결이 빨라지며 물보라가 일어나고 물살이 요동치는 굉음에 깜짝 놀라 정신을 차리는 순간, 이미 때는 늦어 있다. 멀찍이 멈춰 서서 폭포를 구경하던 배는 눈 깜짝할 새에 폭포 앞에 휩쓸려 와 있어, 노 저을 준비조차 되어 않은 배 안의 사람들은 무기력하게 추락하게 된다. 이 이야기는 앤서니 라빈스Anthony Robbins가 쓴『네 안의 잠든 거인을 깨워라Awaken the Giant within』에 나오는 '나이아가라 신드롬'이다. 우리의 삶은 넋 놓고 바라만 보다가 물살에 떠밀려가는 것과 같다. 지금 우리가 서 있는 자리가 바로 빠르게 흐르고 있는 물살이다. 그냥 가만히 서 있다면 결국 뒤로 밀려 나갈 것이다.

바닥을 쳤는데
올라오지 못했다

회사에 가는 것이 두렵습니다. 칼퇴근에, 연봉도 괜찮아 남들은 부러워하지만 저는 하나도 즐겁지 않습니다. 사실 회사 내에서 이렇다 할 만큼 일을 잘하지 못합니다. 잘하지 못하니까 더 열심히 노력해야 하지 않나 생각하다가도 노력할 자신이 생기지 않습니다. 얼마나 무엇을 노력해야 할지 생각할 수도 없고, 회사 일이라는 것이 노력한다고 해서 나아질 수 있을까 하는 의문도 들어요.

사실 회사 일뿐만 아니라 모든 일에 흥미가 없습니다. 노력할 자신이 없어요. 예전에는 이런 사람이 아니었습니다. 고등학교 때는 공부도 열심히 하고, 꽤 잘하기도 했습니다. 그런데 결국 원하는 대학을 가지 못했어요. 평판이 나쁘지 않은 학교였지만 제가 목표하던 곳이 아니라 꺼림칙한 면은 있었습니다. 그래도 여기서 열심히 하면 장학금도 받고 좋은 곳에 취직도 할 수 있으리라 생각했어요. 이마저도 쉽지 않더군요. 등록금의 반액을 받는 장학금은 받은 적 있지만, 전액 장학금을 받기에는 등수가 한참 낮았어요. 취업할 때는 합격 당락에 중요하다는 고수 추천도 받지 못했어요.

취업난에 간신히 지금 있는 회사에 들어온 것도 다행이라는 생각이 들지만, 동기들에 비해 능력이 떨어지는 것 같아 고민입니다. 동기들은 그리 새롭지 않은 아이디어도 회의 시간에 잘만 이야기하고 칭찬받는데, 제가 이야기하면 별 반응이 없습니다. 업무는 어떻게 해서든 해내는데, 남들도 이만큼은 하는 것 같아요. 이제 조금 있으면 신입 사원 공채가 있을 것이고 저와 동기들은 승진해야하는데, 저만 승진하지 못할까 봐 걱정됩니다.

자존감은 자신을 존경하고, 좋아하고, 사랑하는 마음이다. 자존감은 그냥 생기지 않는다. 타인의 칭찬을 받으면서 자존감이 높아질 수도 있고, 스스로 목표를 설정하고 달성한 결과 상승한 자기 통제력을 통해 자존감이 높아진다. 목표를 달성하기 위해서 작은 도전들을 많이 하고, 시도한 만큼 실패하지만 결국 성공도 하면서 조금씩 자신감을 얻을 수 있다. 여러 번 실패하더라도 계속 도전하다 보면 성공한 다는 사실을 알기 때문에 나중에는 도전을 두려워하지 않는 다. 이렇게 작은 성공을 많이 할수록 자신에 대한 믿음이 생 기는 것을 자기 효능감이라고 한다.

적극적으로 도전하지 않는 사람들은 결과에 대한 불확실성을 견디는 능력이 낮다. 애매한 상황에서는 도전하지 않고, 확실 하게 성공할 수 있는 것에만 도전하려고 한다. 불안이나 걱 정 수준이 높은 사람들은 아주 사소한 것에서 실패를 예견 한다. 사소한 것을 적극적으로, 부정적으로 해석하기 때문 이다. 부정적으로 해석해야 안전하게 도망갈 수 있고, 도망 가야 생존에 유리하다. 자신이 도전했다가 실패했을 때, 주 변인은 실망하고, 자존감도 떨어지기 때문에 선택해야 하는 상황, 선택의 결과를 늘 회피한다. '귀찮다'고 말하면서 무의 식적인 결과 회피를 겪고 있는 것이다. 보통 이런 사람들은 회복력도 낮기 마련이다.

바닥을 치고 올라오는 힘, 회복력

하와이의 북서쪽에 카우아이Kauai라는 섬이 있다. 지금은 관광지로서 많은 관광객이 찾는 멋있는 곳이지만, 1950년 대까지만 해도 지독한 가난과 질병이 가득한 곳이었다. 심리학자 에밀리 워너Emily Werner와 루스 스미스Ruth Smeeth는 1955년 카우아이섬에서 태어난 신생아 833명을 어른이 될 때까지 추적 조사하는 연구를 시작했다. 출생과 양육 환경이 아이들의 사회 적응에 얼마나 영향을 미치는가에 대해 연구를 했고, 아이들 중 극단적으로 열악한 조건에 있던 201명을 선별했다. 별거, 이혼, 알코올 중독, 정신 질환 상태의 부모를 둔 아이들을 고위험군으로 설정하고 조사해 본 결과, 실제로 그들은 일반적인 아이들에 비해 훨씬 더 높은 비율로 사회 부적응자가 되었다. 그러나 관찰 대상자 전원이 문제를 일으킨 것은 아니고, 201명 중에서 3분의 2에 해당하는 사람들만 그러한 양상을 보였다. 3분의 1에 해당하는 72명은 별다른 문제를 일으키지 않았고, 오히려 좋은 성적으로 학교를 졸업하고 결국 더 긍정적이고 유능한 사람으로 성장하기도 했다.

회복력은 스트레스나 역경에 대한 정신적 저항력을 의미한다. 사람이 정신적으로 버틸 힘이 고갈되었을 때 '바닥을 쳤다'고 표현하곤 한다. 인생의 밑바닥이나 정신적으로 가장 힘들 때 바닥을 치고 올라와서 평상시의 정서 상태로 돌아갈 수 있는 능력이 바로 회복력이다. 회복력에 따라 어떤 사람은 작은 어려움에도 무너지지만, 또 다른 사람은 보통 사람이 상상하기 어려운 역경을 겪고 트라우마나 외상 후 스트레스 장애를 이겨내 더욱 강해진다. 장애, 사고, 사별, 군대 경험 등 누구나 견디기 힘들어하는 부정적인 상황 속에서도 누군가는 성장하는 것이다. 그러한 사람들은 일련의 사건 사고를 무조건 트라우마나 우울증, 분노 등 부정적인 감정과 상황으로 연결하지 않고, 그 상황을 적극적으로 대처함으로써 긍정적인 변화를 경험한다. 바로 이것을 외상 후 성장Post-traumatic Growth, PTG이라고 한다.

누구나 힘든 상황과 사건 사고를 겪으며 살아간다. 그 과정에서 어떤 사람들은 분노를 표출하면서 또 다른 문제를 발생시키기도 하고 어떤 사람들은 우울증을 경험하며, 또 다른 사람들은 자살을 선택하며, 누군가는 외상 후 스트레스 장애로 평생 괴로워한다. 그러나 삶에서 크고 작은 역경은 누구나 겪는 것이기 때문에, 언제든지 다시 일어서서, 더 나아가 더 큰 성장을 할 수 있도록 노력해야 한다. 이 때문에 회복력을 키우는 것은 매우 중요하다.

회복력을 키우는
7가지 요소

캐런 레이비치Karen Reivich 박사와 앤드류 샤테Andrew Shatte 가 오랜 연구 끝에 회복력의 7가지 요소를 정리했다. 그것은 '감정 조절력', '충동 통제력', '공감 능력', '낙관성', '원인 분석력', '자기 효능감', '적극적 도전'이다. 이 7가지를 활용해서 회복력을 높일 수 있다. 회복력이 높은 사람은 결국 여러 가지 기술을 활용해 감정, 집중력, 행동을 통제할 수 있다.

회복력의 7가지 요소 중 감정 조절력은 스트레스 상황에서 감정을 평온하게 유지하는 능력이다. 좌절의 상황을 이겨내고 더 나아가 자신을 긍정적인 감정 상태로 만들 수 있는 능력이다. 자신의 감정을 숨기고 통제하는 것보다는 솔직하게 표현하는 것이 긍정적인 상태로 나아가는 방법이다. 감정을 조절하지 못하는 사람은 주변 사람들을 지치게 할 뿐만 아니라, 협업이나 우정을 가로막는다.

회복력의 두 번째 요소인 충동 통제력은 자신이 원하는 목표를 달성하기 위해서 현재를 참을 수 있는 능력이다. 이를 다른 말로 만족 지연 능력이라고도 한다. 예를 들어 5년 후 집을 사기 위해서 돈을 모으기로 다짐했다고 하자. 어떤 사람은 다짐만 하고 기회만 되면 친구와 술을 마신다. 또 다른 사람은 돈을 모으기 위해서 술을 마시고 싶은 충동을 억제할 것이다. 이 경우 후자의 사람이 충동 통제력이 높다. 충동 통제력은 감정 조절력과 밀접한 관련이 있다. 좋아하는 것을 먹고 구매하는 행위들은 사람의 감정과 밀접한 관련이 있기 때문이다. 감정을 조절할 수 있다는 것은 충동적으로 행동하지 않는다는 말이기도 하다.

세 번째 요소로 낙관성을 들 수 있다. 낙관적인 사람은 고통이 금방 지나갈 것이고 다시 상황이 좋아질 것으로 생각하기 때문에 미래에 대한 희망이 있다. 또 본인이 어느 정도는 인생의 방향을 통제한다고 믿기 때문에 역경도 통제하고 극복해 나갈 수 있다는 믿음을 갖고 있다. 그래서 회복력 지수가 높은 사람은 낙관적이다.

원인 분석력은 정확한 원인 분석을 통해 문제 해결을 가능하게 만들기 때문에 회복력을 키우기 위해 빼놓을 수 없는 요소다. 실제로 95%의 사람들이 잘못된 원인 분석을 한다. 잘못된 원인 분석은 결국 잘못된 해결책으로 이어져 실패를 안겨 주고, 도전할 마음을 꺾는 악순환을 형성한다. 반대로 제대로 된 원인 분석과 문제 해결의 경험은 자신감을 주기 때문에 낙관성과 연관되기도 한다.

다섯 번째 요소는 공감 능력이다. 공감 능력은 대인 관계에 영향을 미치기 때문에 행복 지수와 밀접한 연관이 있다. 공감 능력이 뛰어난 사람은 학교나 직장에서 어려움에 처했을 때 주변 친구들이 도와줄 가능성이 크다. 또한 더 넓은 사회적 관계를 맺고 친밀한 관계를 유지할 수 있도록 돕는다. 성폭행, 폭력, 살인 등의 범죄자들은 타인의 고통을 보면서도 아플 것이라는 생각을 하지 못하는, 즉 공감 능력이 떨어지기 때문에 범죄를 저지르는 것으로 알려져 있다.

앞에서도 잠깐 언급한 자기 효능감은 자신에게 일어날 문제를 해결할 수 있다는 믿음과 성공할 능력에 대한 확신을 말한다. 스탠퍼드 대학교Stanford University의 심리학자 앨버트

반두라Albert Bandura에 의하면, 어떤 일에 대한 능력 자체보다는 그 일을 해낼 수 있다고 믿는 신념이 실제 일을 해내는 데 훨씬 큰 영향을 미친다. 회복력이 높은 사람은 일반적으로 자기 효능감이 높은 편이다. 본인의 의지대로 인생을 살아가면서 스스로 행동을 제어하고, 자기 스스로 운명을 개척할 능력이 있다고 생각한다. 이를 바탕으로 회복력 향상을 위한 일곱 번째 요소인 적극적인 도전을 하며 사람들은 스스로에 대한 믿음을 키우고 기꺼이 새로운 경험을 받아들인다. 그리고 위험 또한 감수한다. 어떤 새롭고 낯선 상황도 넘어서고 이겨낼 수 있다는 믿음이 있기 때문이다.

회복력의 7가지 요소는 서로 유기적으로 연결되어 있다. 귀찮고 힘든 상황에서도 7가지 요소 중 가장 쉽고 익숙한 능력을 골라 발동시키면, 선순환이 이뤄져 그 상황에서 빠져나올 수 있다. 반대로 한 번 바닥을 치기 시작하면 바닥의 끝이 한없이 깊어질 수도 있다는 의미이기도 하다. 단순히 '귀찮다'는 말로 가만히 머물러 있다면 그 악순환은 이미 시작된 것일지도 모른다.

Part 3

커차니즘을 이기는
지속가능한 삶을 위한 기술

내일의
내가
하겠지

우선은
무조건 휴식!

옛날에 두 나무꾼이 산에 올라, 경쟁적으로 나무를 찍어 장작을 만들었다. 유달리 승부욕이 강했던 한 사람은 다른 나무꾼에게 지지 않으려고 새벽부터 한밤중까지 잠시도 쉬지 않고 열심히 나무를 찍었다. 그러나 다른 나무꾼은 그렇게 하지 않았다. 그는 50분 일하고 10분 쉬며, 숨을 돌려 가며 일했다.

어느덧 산에서 내려갈 시간이 되었고, 두 사람은 서로가 일한 결과를 비교해 보았다. 살펴보니 쉬면서 일한 나무꾼의 장작이 더 많았다. 당연히 자신의 장작이 더 많으리라고 생각했던 승부욕이 강한 나무꾼은 '내가 더 열심히 했는데도 왜 당신의 장작이 더 많냐'며 투덜거렸다. 그러자 다른 나무꾼이 점잖게 설명했다. "나는 10분씩 쉴 때마다 도끼날을 갈았다네."

도끼날이 무뎌지는 줄도 모르고 무조건 열심히 한다고 성공하는 것은 아니다. 우리는 때때로 더 많은 열매를 맺기 위해 멈춰야 하고 시간을 내서 쉬어야 한다.

우리가 살고 있는 이 환경은 끊임없이 변화한다. 몸과 마음은 이 환경에 맞춰 안정적인 상태를 유지하려고 한다. 이를 가능하게 하는 것은 인간의 항상성이라는 신체 능력이다. 생체의 기능이 효율적으로 수행되어 생명을 유지하기 위해서는 체온·pH 균형·삼투압 등 생화학 성분을 비롯해 그 밖의 다른 체내의 환경이 항상 일정 범위 내에서 유지되어야 한다. 이를 내부 환경의 항상성 유지라 부른다. 이 조절의 주역은 자율 신경계와 내분비계이고, 이를 향상시키는 피드백 기구와 과다 작용을 억제하는 길항적拮抗的 지배에 의해 내부 환경의 항상성은 정확히 유지되고 있다. 항상성이 제대로 유지되지 않으면 질병 또는 죽음에 이른다.[44]

신체의 항상성을 유지하기 위해서 신체는 우리가 의식적으로 인식할 수 있는 '욕구'를 불러일으키고 행동을 실행하게 만든다. '집이 편하다'는 말은 바꿔 말하면 '집 밖에서의 삶이 피곤하다'는 의미이다. 이때의 피곤함은 객관적인 지표로 나타낼 수 있는 것이 아니라 지극히 주관적인 지표이다. 집에 있는 것을 즐기고 좋아하는 사람들은 자신이 느끼기에 집 밖에서의 생활이 피곤하기 때문에 휴식을 취하고 싶은 욕구가 강한 것이다. 이때 밖으로 나가면 휴식을 취하고 싶은 욕구는 좌절된다.

좌절된 모든 욕구는 에너지를 발생시킨다. 배고프면 음식을 찾게 만들고 갈증은 물을 찾게 만든다. 즉, 욕구는 에너지를 발생시킨다. 어떤 욕구 자체가 다른 것들과 얼마나 다른지는 행동에 미치는 방향적 효과를 통해 드러난다.[45] 우리는 욕구가 충분히 만족되면 행복해지고 욕구가 좌절되면 자신의 욕구가 손상되기 전의 상태를 유지하기 위해서 행동하려는 에너지를 만들어 낸다. 집 밖에 나가는 것이 싫다는 말은 집에서 행복하고 편하게 있고 싶은 욕구가 손상되는 것을 피하기 위해서 집에서 휴식을 취하도록 신체가 조절을 시작했다는 것을 의미한다.

휴식 공간,
휴식 시간 정하기

집에서 아무것도 안 하고 쉬고 싶지만 뜻대로 되지 않는다. 평일에는 직장에서 야근에 회식까지 시달리고 주말에는 밀린 잠을 보충하기에 바쁘다. 아무리 푹 쉬어도 피로감은 나아지지 않고 업무 능률까지 떨어져서 점점 무기력해진다. 2014년 6월 취업 포털 사이트 커리어가 직장인 820명을 대상으로 조사한 결과에 따르면 직장인 85.4%가 만성 피로에 시달린다고 답했다. 피로를 느끼는 상태는 정신적 피로감(48.2%), 정신적·신체적 피로 유사함(26.5%), 신체적 피로감(25.3%) 순이었다. 만성 피로로 인해 나타나는 증상(복수 응답)으로 1위는 무력감(26.3%)이 꼽혔고, 그 뒤로 소화기 계통 질병(18.5%), 우울증(14.8%), 불면증(13%), 피부 트러블(12.6%), 탈모(7.8%) 등이 뒤따랐다. 응답자는 만성 피로의 원인으로 업무 과다·수면 부족(42.6%)을 가장 먼저 꼽은 뒤 잦은 회식·술자리(29.1%), 건강 이상 증상(12.9%) 등을 지목했다.

결론적으로 직장인 10명 중 8명이 만성 피로에 시달리고 있으며, 무력감을 가장 많이 느끼고 있다. 중요한 것은 신체적인 피로 때문에 스트레스를 받기도 하지만 그보다 더 많은 사람이 정신적인 피로감을 더 비중 있게 여겼다는 점이다. 일을 하는 장소인 회사에서는 몰입해서 일을 하고 휴식을 취하는 장소인 집에서는 충분히 쉬어야 한다. 회사에서 몰입하는 만큼 퇴근을 하고 나면 회사 생각을 하지 않아야 한다. 그러나 회사에서는 쉬고 싶다고 생각을 하고 집에서는 일 생각을 하는 사람이 많다.

일하는 시간과 쉬는 시간을 분리하고 일하는 장소와 휴식을 취하는 장소를 분리하는 것은 휴식을 취하는 데 매우 중요하다. 일하는 장소에서는 일에 집중하고 쉬는 장소에서는 쉬기만 해야 한다. 인간에게는 인지 능력이라는 것이 있다. 인지 능력은 외부의 정보들을 받아들이고 처리하기 위해 뇌에서 일어나는 일련의 활동과 기술들, 내적 통제 과정 등을 의미한다. 이 능력을 통해 개인이 주어진 환경과 세계를 이해하고 그 안에서 어떻게 행동하는지 결정된다. 인간의 활동과 밀접하게 연관된 정신적 처리 과정이다.

이 능력을 바탕으로 인간의 뇌는 공간도 인지하는데 자신이 있는 공간에서 어떤 행동을 반복적으로 하면 뇌는 그 행동을 하는 공간으로 인지한다. 카페에서 커피를 마시면 머릿속에서는 카페를 커피 마시는 공간으로 인지한다. 만약 카페에서 책을 읽는 행동을 반복하면 카페는 책을 읽는 곳으로 인지하고, 카페에서 일을 하면 일하는 공간으로 인지한다. 이와 같은 원리로 회사에서는 일에만 집중하고 집에서는 휴식에 집중해야 한다. 집에서도 회사에서 완료하지 못한 일에 대해 생각을 하거나, 술을 마시면서 직장 상사에 대해 이야기를 하면 우리 머릿속은 일하는 공간과 쉬는 공간을 분리하지 못하고 혼돈에 빠진다. 퇴근하고 나서도 직장 상사를 도마 위에서 칼질하는 것은 스트레스를 푸는 것이 아니라 더 스트레스를 받는 것과 같다.

집에서 편하게 휴식을 취하고 있는데 갑자기 다용도실 쪽에서 창문 열리는 소리가 들렸다. 잘못 들었나 싶어 다용도실로 들어갔는데 창문을 열려고 하는 사람과 눈이 마주쳤다. 깜짝 놀라서 "도둑이야!"라고 외쳤다. 그 후로 문단속을 제대로 했지만 집에서 쉬어도 언제 도둑이 들어올지 두려워서 잠도 잘 오지 않는다. 업무와 관련된 연락을 받는 것은 집에서 휴식을 취하고 있을 때, 침입하는 도둑을 보고 놀란 것과 비슷하다. 무방비 상태로 공격해 오면 제대로 대처할 수 없듯이 집에서 휴식을 취하는데 직장 상사에게 연락이 오면 갑자기 뇌는 비상사태에 돌입한다. 대처가 끝나고 나서도 다시 휴식으로 되돌아가기 위해서는 일정 시간이 필요하다.

우리가 의식적으로 생각하고 있는 것과 뇌가 인지하고 있는 것은 다르기 때문에 의식적으로 시간에 대한 구획을 나눌 필요가 있다. 흔히 다이어트를 할 때 '저녁 7시 이후에는 아무것도 먹지 않는다'고 혼자만의 규칙을 만들곤 한다. 휴식할 때도 마찬가지로 '주말에는 일과 관련된 전화 통화를 하지 않는다' 혹은 '퇴근 후에는 일에 대해 대화를 하지 않는다' 등 혼자만의 규칙을 정해야 한다. 시간에 대한 구획을 나눠 놓지 않으면 퇴근 후 쉴 때도 업무와 관련된 생각을 하고, 시도 때도 없이 일과 관련된 연락을 하며 영향을 받는다. 그러는 대신 우선 일정 시간을 정해 놓고, 일과 관련된 생각이 들면 그 생각에 몰입하기보다는 취미나 휴식에 더 집중하려고 의식적으로 노력해야 한다. 처음에는 시도한 대로 되지 않을 수 있다. 그러나 의식적으로 시간을 구분하다 보면 우리의 뇌는 자연스럽게 그 시간을 인지한다.

하루 중에 휴식 시간을 정해 놓았다면 그 시간에 휴식을 방해하는 것이 있는지 찾아봐야 한다. 퇴근을 하면 연락이 두절되는 사람이 있다. 이러한 유형의 사람 중 일부는 직장에서 사용하는 휴대폰과 개인 친구들과 연락하는 휴대폰을 따로 두어 사용하기도 한다. 휴대폰을 분리해서 사용하면 퇴근 후에는 업무용 휴대폰을 꺼버릴 수 있기 때문이다. 굳이 두 개의 휴대폰을 사용하지 않더라도 퇴근 후에는 업무와 관련된 메시지를 확인하지 않는다는 점을 상대방에게 인식시켜 연락하지 않도록 만드는 방법도 있다.

퇴근 후 업무에 관해 생각, 말만 했을 뿐인데도 우리의 뇌는 일하는 시간이라고 인지하는 것처럼 공간도 그와 같은 방식으로 인지될 수 있다고 말한 바 있다. 적극적인 휴식을 위해서는 집에서도 아무것도 안 하기 위한 장소를 정하는 것이 좋다. 소파나 침대와 같이 휴식을 취하기 위한 장소에서 자신만의 규칙을 정해 놓는 것이다. 침대에서 책을 읽는 사람이 있는데, 이를 자주 하다 보면 침대를 잠자는 공간이 아니라 책 읽는 공간으로 인지하게 될 수도 있다. 소파에 있을 때는 청소를 하지 않는다거나 침대에 있을 때는 누워만 있는 등 장소에서 해야 할 일을 정해놓는 것이 필요하다.

휴식을 방해하는 것

LIST

예시 – 스마트폰, 직장 상사 연락, SNS 등

-
-
-
-
-
-
-
-
-
-
-
-

나만의 휴식 장소 LIST와

휴식 장소에서 할 TO DO LIST

예시 : 침대 – 침대에서 스마트폰을 하지 않는다.

-
-
-
-
-
-
-
-
-
-
-
-

휴식의 질을
높여라

피곤한데도 불구하고 쉬지 않고 다른 일을 하는 것은 내일의 체력을 가져와서 사용하는 것과 같다. 회사에 출근하지 않는 것이 곧 쉬는 것이라는 말은 낮에는 열심히 공부하고 밤새워 게임을 하면서 체력을 쓰는 것과 같다. 일을 하든 게임을 하든, 이는 쉬는 것이 아니다. 게임은 자신이 좋아하는 일이고 업무는 자신이 좋아하지 않는 일이라는 차이점만 있을 뿐, 신체적인 압박과 피곤함은 같다.

잠이 부족하거나 배가 고프거나 체력을 소진하는 것과 같이 생리적인 박탈과 결핍이 생기면 결핍을 채우고 싶은 욕구가 강해진다. 결핍은 짜증, 불쾌감, 불안함, 긴장감 등과 같은 부정적인 감정을 발생시킨다. 즉, 생물학적인 결핍은 부정적인 감정을 만들고 우리는 그 부정적인 감정을 없애기 위해서 결핍된 것을 채우는 행동을 한다. 집에서 쉬고 있는데 친구가 만나자고 하면 자신도 모르게 짜증이 나는 이유는 체력이 소진된 상황에서 체력을 채우고 있는데 방해했기 때문이다. 일요일 저녁에 휴식을 취하고 있다가도 월요일에 출근할 생각을 하게 되면 짜증이 나거나 무기력해지는 것도 같은 이유이다. 소진된 만큼 회복에 대한 욕구는 크다.

우리는 휴식을 재정의해야 한다. 휴식은 시간의 양量이 아니라 질質에 의해서 결정된다. 피곤해서 12시간 동안 잠을 잤더라도 1시간마다 화장실을 가기 위해 잠에서 깼다면 수면의 질은 낮아진다. 결국 절대적으로 아무리 긴 시간 잠을 잤더라도 피곤은 풀리지 않는다. 6시간을 자더라도 깊은 수면을 취하면 피곤하지 않다. 밤에는 4시간 밖에 못 잤더라도 졸음이 밀려오는 낮에 1시간 정도 잘 수 있다면, 이때의 낮잠은 밤에 잠을 자는 것보다 더 빠르게 피로를 풀어준다. 질이 좋은 휴식은 업무에 집중하느라 예민해져 있는 오감五感을 진정시키고, 집중하고 생각하느라 많이 사용했던 뇌를 쉬게 만드는 것이다. 관계를 위해서 불필요하고 과도하게 쏟느라 지친 감정도 휴식하게 해야 하고, 지친 몸도 다시 일으킬 수 있도록 회복해야만 한다.

직장에서는 긴장하고 있어야 실수하지 않고 정확하게 업무를 처리할 수 있다. 반대로 집에 돌아오면 긴장을 풀고, 잘 쉴 수 있도록 해야 한다. 이를 위해 일을 할 때는 긴장해서 일을 잘 처리할 수 있게 만드는 교감 신경계가 반응하고, 집에 도착하면 이완해서 쉴 수 있는 부교감 신경계가 반응한다. 부교감 신경계가 우리에게 휴식이라는 선물을 준다. 부교감 신경계를 통해 열심히 일을 한 만큼 제대로 잘 쉬어야 교감 신경계를 통해 또다시 일하는 동력을 만들 수 있다. 휴식은 자신이 스스로 일할 수 있도록 에너지를 채우는 자가 발전 동력기이다.

일을 더 잘하기 위해서는 질이 높은 휴식을 통해서 몸과 마음과 생각이 재생되어야 한다. 일에서 오는 스트레스로부터 실질적으로 회복하는 것은 매우 중요한 일이다. 사람들은 성과와 성취를 위해서 일에만 몰입할 뿐이지 휴식을 해야 한다는 점을 자주 잊곤 한다. 더 좋은 성과와 성취를 위해서는 질 높은 휴식법을 익히는 것이 더 효율적이다.

3·2·6을 기억하자,
회복 호흡법

회복하는 가장 효과적인 방법 중 하나는 회복 호흡을 하는 것이다. 호흡을 제대로 하기만 해도 부교감 신경계가 반응하면서 우리 신체의 회복을 돕기 시작한다. 일을 할 때의 긴장 상태는 혈류량이 높아져서 생기는 일이다. 호흡을 통해서 부교감 신경이 활성화 되면 근육으로 가는 혈류량과 심박 수가 감소한다. 호흡을 차분하게 하기만 해도 긴장 수준이 낮춰지기 때문에 질이 좋은 휴식을 취할 수 있다.

회복 호흡을 하기 위해서는 가장 먼저 빠르게 이완할 수 있는 자세를 잡아야 한다. 이를 위해 척추를 바르게 하는 것이 중요하다. 바르게 앉거나 누워 척추를 올바로 세우고 있어야 호흡이 뇌에 빠르게 전달될 수 있다. 이 자세에서 회복 호흡을 시작하면 된다. 회복 호흡은 숨을 들이마시고 잠시 유지했다가 뱉어내는 호흡법이다. 3~4초 동안 천천히 호흡을 들이마시고(들숨, Inhale), 숨을 참은 채 2~3초 머문다(유지, Hold). 그 후 6~8초 동안 천천히 호흡을 내뱉는다(날숨, Exhale). 호흡하는 매 순간 시간을 세는 이유는 들숨과 날숨을 제어하기 위해서다. 사람이 잠에 빠지면 매우 깊고 느리게 호흡한다. 몸이 이완되기 시작하면서 호흡도 깊고 길게 속도가 맞춰지는 것이다. 이완과 호흡이 길어지는 것은 자율 신경계가 자연스럽게 신체를 조절하고 있음을 의미한다. 우리가 적극적으로 휴식을 취하고 신체를 이완시키기 위해서 호흡을 의식적으로 조절하면 신체도 조절할 수 있다.

은은한 빛이 있는 공간이나 아예 빛이 없는 어두운 공간에서 눈을 감고, 소음이 들리지 않는 환경에서 회복 호흡을 하면 우리의 몸은 충분히 휴식을 취할 수 있다. 회복 호흡을 통해 우리의 몸을 이완시키는 훈련이 처음에는 어렵게 느껴질 것이다. 물론 이완되는 시간도 오래 걸릴 것이다. 그러나 결국 우리의 몸, 마음, 뇌, 신체는 우리가 조절하고자 하는 대로 움직이도록 형성되어 있다. 이완하는 훈련을 자주 연습하면 더 짧은 시간에 깊은 휴식을 취할 수 있게 된다. 3분에서 5분 정도 깊은 호흡을 하기만 해도 집에서 주말에 푹 쉰 것과 같은 효과를 얻을 수 있을 것이다.

나 자신을
알자

우리가 흥미를 갖고 시작했던 일을 즐겁게 지속하면 좋겠지만, 어느 순간 그 열정은 사라지고 만다. 출근하는 것도 싫고 삶이 무기력해진다. 이를 막기 위해서라도 열정을 놓치지 않고 지속하는 것이 중요하다. 이를 위해 그 열정을 관찰하면서 점검해 볼 필요가 있는데, '얼마나 노력하고 있는가', '얼마나 지속하고 있는가'는 그 과정에 꼭 필요한 질문이다. 노력과 지속성은 우리 삶을 이끄는 열정에 꼭 필요한 속성이다.

흥미 있고 재미있는 일에 얼마나 노력을 들이고 유지하고 있는지에 대한 이유는 눈으로 관찰되지 않는다. 진짜 그 이유를 알고 싶으면 무엇이 그 행동을 일으키는지, 구체적으로 질문해야만 한다. '그 행동을 하는 원인이 무엇인가', '그 행동에 대한 노력의 정도가 왜 변하는가'라는 질문으로 확장시킬 필요도 있다. '행동은 어떻게 시작되는가', '일단 시작된 행동은 시간의 흐름에 따라 어떻게 유지되는가', '다양한 목표들 중에 왜 그 목표를 추구하는가', '왜 행동의 목표가 변하는가', '왜 행동을 멈추는가'라고 물어보자.

'왜 월요병이 생겼어?', '왜 회사 가는 게 귀찮아?', '왜 회사 가는 게 지겨워?'라고 묻는 것으로는 충분하지 않다. 사람들의 행동 원인을 이해하기 위해서 먼저 우리는 긍정적이었던 상황에 대해 질문해야 한다. 무엇이 자신의 업무 시간에 활력을 주는지, 왜 다른 업종이나 업무가 아닌 지금의 회사에 다니기로 결정했는지, 입사 후 얼마 동안 회사에 출근하는 것이 즐거웠는지 자문해 보자. 그리고 난 후 열심히 노력하고 흥미를 갖던 일이었는데도 불구하고 무엇이 출근하고 싶은 마음을 사라지게 했는지, 앞으로 얼마나 직장에 다닐 계획인지, 만약 그만둘 생각이라면 언제 그만둘 것인지, 왜 그렇게 생각했는지 등을 물으며 직장에 대한 태도와 생각을 이해해야 한다.

'나를 움직이게 하는 것은 무엇인가'라는 질문에 대답하기 위해서 처음 회사에 입사했을 때를 떠올려 보자. 처음 열정이 시작된 계기, 많은 업무 중에서 유독 자신이 열정을 갖고 매달리던 일이 있었는지, 그 열정이 얼마나 지속되었는지, 그 열정이 왜 변하기 시작했는지, 열정을 갖고 노력했던 마음이 왜 줄어들기 시작했는지 질문하고 대답하다 보면 자신의 마음에 한발 다가설 수 있다. 본질적인 질문을 통해 자신의 열정이 어떤 시간과 사건의 흐름에 영향을 받았고, 그 결과 자신은 무슨 행동을 했는지 설명할 수 있다.

회사에 입사하던 때부터 출근하는 것이 귀찮았던 것은 아닐 것이다. 그때 무엇이 재밌었고 즐겁게 출근하도록 도왔는가. 누구나 처음에는 뭔지 몰라도 일을 배우기 위해서 노력하고 나름대로 사람들과 친해지기 위해서 시간을 쏟았다. 일을 배우는 데 힘이 들긴 했지만 한편으론 재미도 있었고, 사람들과 친해졌을 때는 회사 가는 것이 즐겁기도 했다. 그러나 언젠가부터 미처 이유를 알 새도 없이 회사 가는 것이 귀찮아지고 일요일 저녁부터 월요병에 시달리기 시작했다. 왜 출근이라는 동일한 행동을 갖고도 마음이 변하는가. 마음을 알기 위해서 자신의 행동을 먼저 관찰해도 좋다.

자신이 변한 것은 아닌데 열정과 노력의 지속 시간이 변했다고 생각한다면 자신이 무엇에 동기 부여를 받는지, 그로 인해 또다시 열정을 불러일으킬 수 있는지에 대한 힌트를 얻은 셈이다. 사람의 마음은 변할 수 있다. 동일한 상황에서도 어느 때는 열정을 갖고 노력하다가도 어떤 때는 아무것도 하기 싫어질 때가 있다. 분명 새로운 운동 배우기를 좋아하는 사람도 야구를 배울 때는 열정을 갖고 적극적으로 뛰어다니다가도 수상 스키를 배울 때는 핑계를 대며 운동에 대한 마음을 바꿀 수 있다. 회사에 출근해서도 어떤 날은 일찍 출근해서 일 처리를 빠르게 하기도 하지만, 어떤 날에는 무기력하게 일할 수도 있는 것이다.

사람의 열정은 시간과 상황에 따라서 변한다. **인간은 모두 같은 이유로 일하지 않기 때문에 직장에 즐겁게 출근할 수 있도록 돕는 자극도 분명히 다르다.** 어떤 사람은 본래 성향이 모든 일에 주도적이지만 어떤 사람은 회피적인 성향을 갖고 있기도 하다. 감정적인 사람이 있고 이성적인 사람도 있다. 다음의 질문에 구체적으로 대답하며 자신은 어떤 사람이고, 무엇에 자극받는지 찾아 보자.

1 입사했을 때 열정을 갖게 된 계기가 있었습니까?

2 열정을 갖고 일하던 시기가 어느 정도 지속되었습니까?

3 그 열정을 유지하게끔 만드는 직장 내 목표가 있었습니까?

4 자신의 업무 중 특히 애정을 갖고 노력했던 것이 있었습니까?

⑤ 언제 그 열정이 줄기 시작했습니까?

_____

_____

_____

⑥ 언제부터 주말만을 기다리기 시작했습니까?

_____

_____

_____

목표 추구형 인간
vs 회피형 인간

자신의 꿈을 이루는 과정에서 두 가지 유형의 사람을 관찰할 수 있다. 자신의 꿈을 이루기 위해 열정을 다해서 노력하는 '목표 추구형 인간'과 자신이 하기 싫은 일을 피하면서 자신이 하고 싶은 일만 남기는 '회피형 인간'이 있다. 어떤 사람이 자신의 삶에서 더 많은 성취를 하는지에 대한 연구 결과를 보면, 목표나 흥미, 관심을 갖고 학습하는 학생들은 칭찬 스티커나 마감 시간 때문에 학습을 하는 학생들보다 더 즐겁고 재미있게 배우면서 높은 창의성을 보인다.[46] 'A학점을 받아야지'라는 자신의 목표를 달성하기 위해서 학습을 하는 학생은 'F는 절대 맞으면 안 돼'라며 실패를 회피하는 것이 목표인 학생보다 더 높은 성취를 보인다.[47] 다이어트를 할 때도 마찬가지이다. 자기 스스로 다이어트를 다짐한 사람들은 건강한 음식을 먹으면서 다이어트에 성공한다. 반대로 다른 사람들이 살을 빼라고 해서 다이어트를 시작한 사람들은 다이어트에 성공하지 못하고 거식증, 폭식증에 시달리며 살을 빼지 못할 가능성이 높다. 자신이 자발적으로 행동하는 자율 동기를 갖고 있는 사람들이 타인의 통제에 의하여 행동을 하는 통제 동기를 가진 사람들보다 더 좋은 성취를 한다.[48] 앞선 예의 자율 동기와 후자의 통제 동기는 결과인 목표는 같지만 그 출발점이 다르다. 그렇다고 해서 통제 동기가 나쁜 것은 아니다. 이유야 어찌되었건 자신이 무언가를 하려는 의지를 갖는 것은 좋은 것이다.

현실적으로 몇 가지 동기 체계는 성질상 혐오적이다. 통증, 배고픔, 고통, 공포, 부조화, 불안, 압박, 무기력 등으로 인하여 자신이 소망하는 것을 얻을 때가 있다. 공포, 좌절과 같은 동기는 우리가 혐오적, 위협적 불안을 유발하는 상황을 피하도록 준비를 시킨다. 불안, 긴장과 같이 주의를 끄는 동기들은 인간이 당연히 고려하고, 그에 따른 행동에 적응할 때까지 우리를 바늘로 찌르는 것처럼 자극한다. 종종 동기와 정서는 '더 많이 흥분될수록 변화가 더 크다'는 하나의 원리 아래서 작동한다.[49]

사람의 마음은 너무나 쉽게 바뀌고 변한다. 자율 동기를 갖고 시작했더라도 결국 통제 동기에 압도될 수도 있다. 처음에는 재미있을 것 같아서 시작했던 일이 얼마 못 가서 지겹고도 지겨운 일로 변하는 경우가 너무나 많다. 자신의 직업이나 관계에서도 조금만 시간이 지나면 지겨워지면서 귀찮아지는 일들이 생긴다. 인간은 자신의 목표를 달성하기 위해 도전을 하고 좌절을 극복하고 대인 관계를 온화하게 발달시킨다. 더 나은 목표를 위해서 계획을 세우고 호기심을 갖고 감각적인 것을 추구하는 동물이다. 그러나 그 목표를 달성하는 과정에서 스트레스를 받고, 좌절을 겪고, 불안정한 상황에서 불안감을 경험하고, 압박과 두려움을 겪는다. 목표를 향해 달려감과 동시에 도망치고 싶은 혐오적인 상황을 마주하는 것이다. 이렇게 자신이 경험하는 괴로운 상황들을 피하려고 하는 목표가 생기면서 결국 자신이 추구하던 목표의 성격은 추구형에서 회피형으로 바뀌게 된다.[50]

처음에는 간절한 마음으로 준비했던 일들이 어느 정도 정리되면 꽉 조여 있던 마음이 느슨해지고, 시간이 조금 더 지나면 귀찮아지기도 한다. 연애를 할 때도 마찬가지이다. 처음에는 상대에 대한 호기심을 갖고 계속 연락하다가, 나중에는 열정적으로 약속을 하며 만난다. 그러다 조금씩 익숙해지거나 싸움이 시작되면 지겨워지고 이별을 생각한다. 이런 과정에서 자신이 사랑을 추구하는 목표 추구형 사람인지 싸움으로 인한 괴로움을 회피하는 사람인지를 확인할 수 있다. 자신이 지금 괴로운 이유가 원하는 목표를 이루지 못하기 때문인지 당장 불편함을 피하지 못하기 때문인지를 이해하는 것은 매우 중요하다. 인간은 자신의 상황에 적응하기 위해서 접근 지향적인 추구적 동기를 갖고 있는 것만큼이나 혐오적이고 회피에 기반을 둔 동기가 있기 때문이다.[51]

자신이 회피하는 것이
무엇인지를 파악하라

자신이 무엇을 추구하고 무엇을 회피하는지 파악하는 것은 중요하다. 우리가 직장에서 느끼는 귀차니즘의 대부분은 추구하는 것보다는 회피하는 것에 가까울 확률이 높기 때문이다.

우리의 삶은 늘 선택의 연속에 놓여 있다. 우리가 원하든 원하지 않든 매 순간 선택을 해야 한다. 그 선택의 순간에 자신이 원하는 결과를 선택하기도 하지만 선택하지 않는 것을 선택하기도 한다. 사소하게는 점심은 무엇을 먹어야 할지, 아침 출근은 어떤 교통편으로 할지, 하루의 시작을 어떤 일로 할지부터, 면접을 본 사람 중 누구를 최종 선택할지, 프로젝트에 억대 단위의 금액을 투자할지, 다른 회사를 인수할지 등 인생의 중차대한 갈림길에서 우리는 선택을 한다. 이런 상황을 선택하는 것도 자기 자신이듯이 그 상황을 어떻게 받아들이고 대처할지 선택하는 것 또한 자기 자신이 할 수 있다. 어차피 피하지 못하는 상황이라면 이왕이면 즐겁게 받아들일 수도 있고, 불편한 상황이더라도 빨리 벗어나기 위해 노력하다 보면 우리의 삶에서 더 나은 결과가 나타날 수 있다. '바람의 방향은 바꿀 수 없지만 돛의 방향은 바꿀 수 있다.' 우리가 처해 있는 상황은 바꾸지 못하지만 그 상황에서 무엇을 선택할지에 대한 통제권은 오직 자신에게 있다는 사실을 명심하자.

나를 움직이게 하는
동기를 찾아라

2012년 2월 한 취업 포털 사이트에서 직장인 326명을 대상으로 '언제 회사 가기 싫어지는가'에 대해 설문조사를 했다. '반복되는 회사 생활이 권태롭게 느껴질 때'라는 응답이 28.2%로 가장 많았다. 그 다음으로 '상사나 동료와의 트러블이 있을 때'가 24.2%, '나의 능력에 한계를 느낄 때' 회사 가는 것이 두렵다는 직장인도 19.6%나 됐다. 이 외에도 적은 월급이 서글퍼질 때(9.8%), 아침에 일어나기 싫을 때(6.7%), 바빠서 개인 시간이 없을 때(5.5%) 회사 가는 것이 싫다는 직장인들도 있었다. 반대로 '언제 회사에 출근하고 싶은가'에 대한 응답으로 39.3%가 '자신의 업무 성과를 인정받았을 때'라고 대답했다. 다음으로 '기대하지 않았던 보너스를 받았을 때'가 31.0%, '마음 맞는 동료들과 동호회 등 모임이 있을 때'가 14.1%로 3위를 차지했다. 그 뒤로 '시어머니 같은 직장 상사가 출장 갔을 때'가 6.4%, '사내에 호감가는 이성이 있을 때'가 5.5%로, 소수 의견도 있었다.

인간은 특별한 이유가 없는 한 몸과 마음이 편한 상태를 추구한다. 서 있으면 앉고 싶고, 앉아 있으면 눕고 싶은 것이 인간이다. 누워 있으면 일어나기 싫고 편안한 그 상태 그대로 유지하고 싶은 것은 당연하다. **모든 사람은 특별한 이유가 없을 때는 편안함을 추구하지만 자신이 추구하는 무언가 특별한 이유가 있을 때, 인간의 행동은 달라지기 시작한다.** 보통 회사에 지각하는 이유로 그저 부지런하지 못하고, 게으르기 때문이라고 쉽게 생각하곤 한다. 그러나 지각을 하는 이유를 잠을 자고 싶어 하는 수면 욕구에 주목하지 않고, '(잠을 이겨낼 만큼) 왜 회사에 출근하고 싶은 마음이 없는가?'에 주목하면 상황은 달라진다.

상사와 밤새 술을 마시더라도 상사 앞에서는 정신을 똑바로 차리고 아무도 그가 만취한지 모르게 행동하는 사람이 있다. 술에 취한 상사를 택시에 태워 보내고 난 후에야 그 사람의 필름이 끊긴다. 밤을 새워 술을 마시고 난 다음 날 아침에도 절대 지각하지 않고, 비록 두세 시간밖에 자지 못했더라도 해야 할 일을 완수한다. 그 사람이 특별해서 그럴 수 있는 것일까. 그렇지 않다. 인간의 행동은 복잡 미묘하지만, 그 행동에는 그 사람의 생각, 태도, 마음이 고스란히 담겨 있다.

'회사 가기 귀찮다'고 하는 말에는 여러 가지의 의미가 숨어 있다.[52] 우리의 행동을 이해하는 데에 가장 중요한 것은 드러난 행동 속에 숨겨져 있는 이유를 이해하는 것이다. 우리가 하는 행동의 원인이나 이유를 동기Motive라고 한다. 흔히 우리가 동기 부여라는 말을 하는데, 이때의 동기는 내재적 동기와 외재적 동기 두 가지로 나눌 수 있다. 내재적 동기 Intrinsic Motivation는 자신의 흥미에 따라 역량을 연습하고 도전을 추구하고 숙달하려는 경향성이다.[53] 사람은 내부 심리적 욕구인 자율성, 유능성, 관계성을 갖고 있기 때문에 내재적 동기를 경험한다. 활동의 어떤 점을 통해 자유로움을 느끼거나(자율성), 효과적임을 느끼거나(유능성) 혹은 정서적으로 친밀함(관계성)을 느끼는 것이 내재적 동기의 기원이 된다. 사람들은 '흥미롭다', '재미있다'라고 말함으로써 자신의 내재적 동기를 표현한다. 외재적 동기Extrinsic Motivation는 어떤 결과로부터 행동을 하고 싶은 느낌을 받는다. 어떤 결과란 매력적인 환경적 유인을 제공하거나 혐오적인 환경적 유인을 제거하는 것이다.

사람의 행동이 어떤 동기로 동기화되어 있는지 아는 것은 어렵다. 내재적으로 동기화된 행동은 그 활동이 제공하는 자발적인 심리적 욕구와 만족에서 출현하고, 외재적으로 동기화된 행동은 관찰된 행동을 수행하는 데 수반되는 유인과 결과들에서 출현한다. 결국 자신이 솔직하게 자신의 욕구를 바라보고 인정하는 수밖에 없다. 자신의 자아실현을 위해서 노력했던 것이라면 내재적 동기가 높은 것이지만 다른 사람에게 자랑할 만한 직장이었기 때문에 열정을 다했던 것이라면 외재적 동기가 높았다고 할 수 있다. 직장에 처음 입사했을 때 열정을 다해서 노력했던 이유가 자신의 자아실현을 달성하기 위해서 목표를 설정하고 노력했기 때문인지, 다른 사람들에게 자랑하기 좋은 직장이기 때문에 생긴 자부심 때문이었는지는 자기 자신만 알 수 있다.

처음의 동기를 찾았더라도 그 후에 작용하는 동기는 자신도 항상 자각하지 못할 수도 있다. 상황이나 환경에 따라서 계속 바뀌기도 하고 자신의 노력이나 역량에 따라서 끊임없이 마음이 변하기 때문이다. 그래서 구체적인 질문들을 통해 자신을 꾸준히 점검할 필요가 있다. 아래에 현재 자신의 동기와 관련하여 자가 진단할 수 있는 문항이 있다.[56] 자신이 왜 이 직장에 다니고 있는지에 대한 대답으로, 각 문항이 자신의 삶에서 얼마나 비중을 차지하고 있는지 점수를 매기면 된다. '전혀 그렇지 않다'는 1점, '약간 그렇지 않다' 2점, '보통이다' 3점, '그렇다' 4점, '매우 그렇다'는 대답에는 5점을 부여하면 된다.

---

01 업무가 재미있기 때문에 (   )

02 내 업무는 내 미래를 위해서 중요하기 때문에 (   )

03 내 업무는 내 직업을 위해서 중요하기 때문에 (   )

04 업무 성과가 낮으면 자기 자신에게 부끄럽기 때문에 (   )

05 내 업무는 내 커리어를 위해서 중요하기 때문에 (   )

06 내가 지금 열심히 일을 하지 않으면 결국 후회할지도 모르기 때문에

(   )

---

07 직장을 다니는 것은 삶의 한 부분으로 꼭 필요하다고 생각하기 때문에 (   )

08 업무를 통해서 도전을 하는 것은 성취감을 주기 때문에 (   )

09 새로운 업무에 도전하고 싶기 때문에 (   )

10 업무 능력이 향상되는 것이 즐겁기 때문에 (   )

11 내 업무가 적성에 맞기 때문에 (   )

12 내가 하고 싶었던 꿈의 일이기 때문에 (   )

13 업무에서 생기는 실수와 실패를 극복하는 것이 재미있기 때문에 (   )

14 업무 처리 방식을 스스로 정할 수 있기 때문에 (   )

15 업무 목표를 자발적으로 설정할 수 있기 때문에 (   )

16 이 업무는 내가 잘할 수 있는 일이기 때문에 (   )

17 이 업무를 할 때 높은 성과를 내기 때문에 (   )

18 이 업무는 흥미 있는 일이기 때문에 (   )

──────────────────────────────── 점수 결과 (점)

19 우리 회사의 연봉에 만족하기 때문에 (   )

20 회사는 적절한 수준의 인센티브를 제공하기 때문에 (   )

21 회사는 내가 원하는 업무에 도전할 수 있는 기회를 주기 때문에 (   )

22 회사가 부족한 업무 능력을 높일 수 있는 학습 기회를 주기 때문에
( )

23 나에게 부과된 목표가 달성할 수 있는 수준이기 때문에 ( )

24 업무 결과와 관련하여 회사 내에서 경쟁이 있기 때문에 ( )

25 업무 목표를 달성했을 때 상급자가 그에 맞는 긍정적인 피드백을
주기 때문에 ( )

26 다른 사람에게 자랑할 수 있는 회사이기 때문에 ( )

27 복리후생에 만족하기 때문에 ( )

28 업무 성과가 낮으면 회사 다니기 부끄럽기 때문에 ( )

29 업무 성과가 나지 않으면 직장 상사로부터 안 좋은 말을 듣기 때문
에 ( )

30 업무 성과가 나지 않으면 인사 고과에 반영되므로 ( )

31 돈을 벌기 위해서 직장 다니는 것은 당연하기 때문에 ( )

32 직장 상사로부터 인정받기 위해서 ( )

33 직장 동료로부터 인정받기 위해서 ( )

34 가족에게 인정받기 위해서 ( )

35 회사에서 정리 해고 대상자가 되지 않기 위해서 ( )

> **36** 회사 성과 시스템이 일을 열심히 할 수밖에 없기 때문에 (   )
>
> ──────────────────────────── 점수 결과 (점)

　1번부터 18번까지는 내재적 동기에 관련된 대답이다. 이들에 대한 대답의 점수가 높을수록 업무에 대한 개인의 흥미나 재미 혹은 자신의 자발적인 목표가 높은 것이다. 19번부터 36번까지는 외재적 동기에 관련된 대답이다. 이에 대한 대답의 점수가 높을수록 외재적 동기가 높다.

　내재적 동기와 외재적 동기 중 한 가지가 높아지면 다른 한 가지가 낮아지는 것은 아니다. 연봉이나 복리후생(외재적 동기)과 관계없이 일 자체의 즐거움(내재적 동기)만 높다고 해서 꼭 행복한 것은 아니라는 사실을 몸소 겪고 있지 않은가. 처음에는 연봉, 회사의 규모, 복리후생 때문에 입사했더라도 일을 하면서 자신이 맡은 업무에 즐거움을 느끼게 될 수도 있다. 자신의 꿈과 목표를 위해서 입사했지만 점점 연봉이 높아지는 것에 더 만족감을 얻을 수 있다. 중요한 것은 연봉이나 복리후생과 같은 외재적인 동기보다 업무에 대한 만족감과 흥미와 같은 내재적인 동기가 높은 사람이 직장 자체에서 더 많은 행복을 느낀다는 사실이다.

자신이 어떤 동기 요인 때문에 직장에서 일하고 있는지를 파악하고 있어야 자신도 모르는 사이에 '회사 가기 싫어진 이유'를 알아낼 수 있다. 내재적 동기로 인한 것이라면 자신의 마음을 살펴야 할 때이고, 외재적 동기로 인한 것이라면 이직 등 현실적인 방안을 고려해야 한다. 현재 상태를 정확히 진단하면 무기력을 벗어나는 데 시행착오를 줄일 수 있을 것이다.

동기를 부여하는
환경을 조성해라

　지금 다니고 있는 회사에서 오래 근무할 생각이 없는데 스스로 일을 찾아서 열심히 한다는 것은 어불성설이다. 자신에게 주어진 일만 해내도 잘 해낸 것일지도 모른다. 자신은 나름대로 최선을 다했지만 좋지 않은 피드백을 들으면 도대체 무엇을 더 어떻게 해야 할지 모르겠다는 생각도 든다. 무엇을 해야 할지 모르니까 시키는 일이라도 최선을 다하는 것뿐인데 말이다. 일을 찾아서 하라고 하지만 아무리 찾아봐도 자신이 할 일은 없다. 결국 자신은 직장 상사가 시키는 일을 하고 그 일을 잘 끝내기만 해도 충분하다고 생각을 하지만, 직장 상사는 시키는 일만 하는 직원은 결국 일을 할 생각이 없다고 판단한다.

어떤 직원은 열심히 일을 하면서 생산적이기도 하지만 어떤 사람들은 열심히 해도 별다른 성과가 없다. 이 때문에 회사는 근무 성과를 A, B, C, D 등급으로 나눠 평가한다. 근무 평가가 높은 A등급의 사람들에게는 인센티브를 준다. B등급의 직원들에게는 적당히 연봉을 인상해 주고, C등급의 사람들에게는 특별한 보상을 주지 않는다. D등급 사람들은 오히려 지난달보다 낮은 급여를 받기도 한다. 이러한 근무 평가와 보상 체제는 회사에서 직원들이 열심히 일할 수 있도록 만든 시스템이다.[54] 시스템을 바꾸면 직원들이 회사가 원하는 방향으로 일을 할 것이라는 기대가 있고, 실제로 이런 기대대로 일을 열심히 하기도 한다. 환경을 바꾸어 직원들의 외재적 동기를 자극했기 때문이다.

사람이 무언가를 결정하거나 실행할 때, 그 사람의 마음을 움직이게 하는 요인들이 있다. 그 요인이 외부에 있기도 하고 내부에 있기도 하고, 둘 다 해당될 수도 있다. 가장 좋은 것은 자신이 회사에서 일하고자 하는 열정을 스스로 찾는 것이다. 자신의 일이나 직장에서 목표가 명확해서 누군가가 시키지 않아도 스스로 찾아서 일을 하는 능력은 목표를 설정하고 실행하는 능력과 다름없다. 일부 사람들은 스스로 일을 찾아서 업무를 추진할 수 있으려면 직급이 높고 자신에게 권한이 있어야 한다고 생각한다. 그러나 실제로는 직급과는 상관없이 자신의 위치에서 자신이 가진 권한과 책임 내에서도 충분히 할 수 있는 것들은 많다. 스스로 자기 일을 찾아봤지만 결국 할 만한 일이 없는 것이 아니다. 할 수 있는 일이 없는 것이 아니라 하고 싶은 마음이 없는 것이다.

자발적으로 목표를 실행하기 위해서는 목표를 달성할 수 있도록 자신에게 동기 부여가 잘 되는 환경을 만들고 스스로 보상을 줄 수 있는 환경을 조성해야 한다. 다이어트가 목표라면 비만을 조성하는 요인이 무엇인지를 먼저 살펴보고 무엇을 제거할 것인지, 무엇을 보상으로 둘 것인지, 어떤 환경에는 가지 말아야 하는지 정해야 한다. 술을 많이 마셔서 살이 찌는 것이라면 술자리에는 2주간 가지 않는다는 목표를 설정하고, 달성했을 때 보상을 설정하는 것이다.

부하 직원이나 자녀 등 타인의 행동과 습관을 바꾸기 위해서는 그 사람의 꿈이나 목표를 파악하는 것이 우선이다. 그러나 누구나 꿈이나 목표를 갖고 일을 하는 것은 아니기 때문에 어떤 보상이 주어졌을 때 열심히 할 수 있는 동기가 부여되는지 파악해야 한다. 여기서 행동을 유발하고 그 행동을 유지할 수 있도록 돕는 유인물을 '강화물'이라고 한다. 행동을 유발하는 강화물에는 네 가지 방식이 있다. 비난이나 야근 혹은 혼내기와 벌금 등 '처벌'을 내리거나, 직접적인 '보상'을 줄 수 있을 것이다. 성과를 높이는 행동을 했을 때 칭찬, 인센티브, 포상 등 '긍정적 강화물'을 주는 방식, 목표를 달성하는 데 방해되는 방해물을 치워주는 '부적 강화물' 방식도 실행해 볼 수 있다.

4가지
동기 부여 방식

많은 직장이 잔소리나 불이익을 주는 방식으로 더 열심히 일하도록 하는 행동 유도 전략을 사용한다. 이를 바탕으로 사람들은 쉽게 다른 사람들을 비난하거나, 소리를 지르기도 하고, 타인의 특혜를 박탈하기도 한다. 혹은 그 사람이 좋아하는 보상을 하나 뺏는 방식으로 처벌하기도 한다. 예를 들어 야근을 시켜 취미 생활을 할 수 있는 시간을 뺏는 것도 처벌의 한 방식이다. 문제는 이러한 처벌이 단기적으로는 사람들을 움직이게 하는 동력이 되기는 하지만 장기적으로는 오히려 열정을 떨어뜨린다는 사실이다.

많은 연구자는 처벌이 좋은 전략이 아니라는 점을 알려준다.[55] 부정적인 경험 때문에 악순환이 시작되고 이로 인해 오히려 더 부정적인 결과가 나타난다. 불이익을 주는 사람과 받는 사람 간의 관계가 나빠지고, 처벌로 인한 불이익을 제삼자가 보고 배워, 비슷한 상황에서 그들도 동일한 대처를 하면서 부정적인 고리가 끊어지지 않는다. 처벌을 통해 열심히 일하게 하려 했지만 오히려 이 전략 때문에 사람들은 더 무기력해지고 성과나 업무에 대한 열정으로부터 멀어지는 결과를 보인다.

처벌보다는 보상을 주는 것이 훨씬 낫다. 지각을 하는 사람에게 지각하는 것에 대해서 소리를 지르거나 급여에서 불이익을 주는 것보다 정시에 출근했을 때 사소하더라도 선물을 주거나 칭찬 스티커 한 장을 더 주는 게 낫다. 인간의 뇌는 이득과 쾌락의 신호에 선천적으로 민감하게 반응한다. 자신의 행동에 보상이 있을 때 뇌에서는 도파민이 방출되면서 뇌 속에서 자신에게 보상을 내린다.[56]

연령이나 선호도 등 상대방의 특성을 잘 고려해서 상대방이 좋아하고 긍정적으로 평가할 만한 긍정적 강화물을 주는 방식으로 동기를 부여할 수도 있다. 보상도 어느 정도는 긍정적 강화물이라고도 할 수 있다. 직접적인 보상 외에도 상사의 인정이나 칭찬 혹은 급여 인상, 승진, 업무 시스템 변화 등 다양한 긍정적 강화물이 일을 재미있게 할 수 있도록 북돋는 자극이 될 수 있다.

칭찬이나 관심, 인정과 자랑스러움 등 타인에 의해 긍정적 강화물을 받을 수 있지만, 자신이 스스로 긍정적 강화물을 줄 수도 있다. 지금은 아무리 노력해도 승진과는 거리가 멀어 보여도 아주 사소한 일부터 열심히 하다 보면 경력과 경험의 밑거름이 된다고 생각하는 태도가 자신이 직접 주는 긍정적 강화물이다. 대회에 나가서 우승을 한 것도 아니고, 누가 칭찬해 주는 것도 아니지만 스스로 꾸준히 운동해 만든 근육을 보면서 만족감을 얻는 것도 여기에 해당한다. 회사 일을 통해 얻는 보상에 대한 기대는 시간이 갈수록 시들해질 수 있지만, 자신의 개인적인 관심사와 목표에 둔 긍정적인 강화물은 회사 측의 보상보다 훨씬 더 큰 보상이라고 생각할 수도 있다.

회사에서 열심히 일을 하지만 직장 상사가 자신의 성과를 가로채기 때문에 일할 맛이 나지 않는다고 말하는 사람도 있다. 성과를 가로채는 상사만 없다면 더 열정을 갖고 일할 수 있다는 말이다. 동기를 부여하는 4가지 방식 중 마지막인 부적 강화물은 열정과 성과를 저해하는 부정적인 요소인 '성과를 가로채는 상사'를 없애는 것을 말한다. 팀 이동에 지원하거나 이직 등이 현실적인 방안이 될 수 있을 것이다.

이렇게 4가지 방식을 사용하여 스스로 동기를 부여하거나 타인의 동기를 부여하는 것을 '환경을 조성한다'고 표현한다. 자신에게 가장 잘 맞는 방식이 무엇인지 파악하여 적절히 사용해 보자.

① **목표**

---

② **목표를 방해하는 것 (잔소리, 자신 없음 등)**

---

③ **목표를 달성하면 스스로에게 주는 보상 (평상시 갖고 싶었던 선물)**

---

④ **목표 달성 과정에서 자신에게 돌아올 이익 (경험, 경력, 능력, 새로운 커리어 등)**

열정을 지속시키는
선택을 하라

'자신의 전공 학과에 입학하기 위해 치열하게 노력한 사람이 있는가?' 손을 들어 보라고 하면 지역이나 학생 수와 관계없이 손을 드는 사람은 5명이 되지 않는다. 최악의 경우는 단 한 명도 손을 들지 않는 경우도 있다. 대부분 전공을 중심으로 선택한 것이 아니라 성적에 맞춰서 대학을 선택하기 때문이다. 직장을 선택할 때도 마찬가지이다. 자신이 갖고 있는 스펙에 맞추어 연봉과 조건을 선택해서 지원을 하고 가장 적절하다고 생각하는 곳에 입사를 한다. 일을 하더라도 자신이 스스로 직장에서 어디까지 승진하고 올라갈 것인가를 선택하지 않고 주어진 일만 그냥 하는 경우가 많다.

경기도 지역 내에 위치한 전문 대학의 한 학과에서는 '이 학과에 꼭 입학하기 위해서 노력한 사람이 있느냐'는 질문에 거의 70% 이상의 학생이 손을 들었다. '자신의 학비를 스스로 벌어서 학교에 다니는 사람이 있느냐'는 질문에 무려 20% 이상의 학생이 그렇다고 응답했다. 이렇게 대답한 학생들이 속한 학과는 바로 실용음악과였다. 실용음악과의 경우 본인의 의지가 강하지 않으면 갈 수 없는 학과이다. 재능을 타고나지 않거나 능력이 있지 않으면 먹고 살기 힘들 것이라는 예술 계통에 대한 편견이 있기 때문이다. 이 편견에 맞서 가장 먼저 부모님을 설득해야 하고, 친구들에게도 자신의 의지를 피력해야 한다. 자신의 의지가 강하지 않으면 실용음악과에 지원해서 합격하더라도 학교 다니는 것 자체가 고통스러울 수도 있다.

말을 물가에 끌고 갈 수는 있지만 말에게 물을 먹이는 것은 그 누구도 할 수 없다. 평소에 자주 불평하는 사항들이 개선되면 저절로 자신의 행동이 바뀔 것 같지만 자신이 원하던 환경이 조성되면 다른 불만을 토로하는 것이 인간의 습성이다. 자신이 스스로 목표를 달성할 수 있는 사람이라는 것을 믿지 못하면 온갖 변명거리들을 찾아낸다. 변명을 하는 합리화를 통해서 자신은 마음의 안정을 되찾는 것이다. 변명은 그 무엇도 바꿀 수 없다. 오직 사람만이, 자신이 생각보다 많은 것을 바꿀 수 있다는 점을 알고 있을 때 환경에 대한 통제력을 갖는다. 자신이 환경에 영향력을 행사할 수 있는 '능력을 갖추고 있다'고 믿고, 환경이 자신의 시도에 반응할 것이라고 믿으면, 사람들은 더 나은 방향으로 나아가기 위해 진정으로 노력한다.[57]

노력의 결과로 나타날 것이라고 믿는 기대, 그 기대는 두 종류로 나눌 수 있다. 바로 효능 기대Efficacy Expectation와 결과 기대Outcome Expectation이다. 효능 기대는 자신이 추구하는 목표를 달성할 수 있다고 생각하는 개인 능력에 대한 판단이다. '내가 (어떠한 일)을 할 수 있을까?'라고 묻는다면 효능 기대를 거는 것이다. 결과 기대는 자신이 추구하는 목표나 행위가 수행되면 자신이 추구하는 특정한 결과를 가져올 수 있을 것인가에 대한 판단이다.[58] '(어떤 특정 상황)이 제대로 될까?'라고 묻는다면 결과 기대를 거는 것이다. '어떠한 일', '어떤 특정 상황'이 바로 자신의 열정을 불러일으키는 목표이다. 그 목표는 다이어트가 될 수도 있고, 자기 계발일 수도 있다. 업무 성과나 실적일 수 있고, 직장 내의 승진 목표나 지극히 개인적인 목표일수도 있다.

효능 기대, 결과 기대를 잘 보여주는 이야기가 있다. 어느 마을에 혼자 사는 노인이 있었다. 조용하게 혼자 살고 싶었던 노인은 한적한 시골에서 잔디밭이 깔린 마당 있는 집을 짓고 조용히 노년을 보내고 있었다. 그러던 어느 날부터인가 노인의 집 마당에 동네 꼬마들이 모여서 놀기 시작했다. 시끄러워서 참을 수 없었던 노인은 한 가지 묘안을 내었다. 어느 날 동네 꼬마들을 불러서 얘기했다. "내가 혼자 살면서 너희들의 목소리를 들으니 너무 좋구나. 나이가 들어서 귀가 안 좋으니 더 큰 소리로 떠들면서 놀아주겠니? 그러면 하루에 25센트를 주겠다."

그 다음 날부터 동네 꼬마들은 노인의 집 마당에서 더 큰 소리로 떠들면서 놀았다. 노인은 약속대로 매일 25센트씩 주다가 어느 날부터 돈의 액수를 줄였다. 20센트, 15센트, 10센트, 이렇게 액수를 줄이다가 어느 날 노인은 아이들에게 더는 돈이 없어서 돈을 줄 수 없다고 했다. 그러자 아이들은 화를 내며 말했다. "저희는 이제 더는 놀아 드릴 수 없어요." 아이들은 노인의 집 앞마당에서 떠났고, 다시 조용한 평화가 시작되었다.

이야기 속 아이들은 처음에는 노인의 집 마당에서 뛰어노는 것이 재미있었다. 그러다 노인이 돈을 주기 시작하자 돈을 받기 위해서 뛰어놀았다. 재미로 했던 행동이 점점 노동으로 바뀐 것이다. 직장에서의 일도 마찬가지이다. 처음에 입사할 때의 마음과 다르게 일이 지겹고 힘들어지는 이유는 회사에 다니는 재미나 흥미가 급여나 연봉으로 서서히 옮겨갔기 때문이다. 자신이 하는 업무에서 즐거움을 느끼면서 조금씩 성장하는 자신의 모습을 지켜보는 등의 흥미를 유지해야 하는데, 일을 하는 즐거움을 업무나 자신의 유능함이 점점 성장하는 모습이 아니라 급여가 높아지는 것이나 승진과 같은 외부 요인에서 찾았기 때문이다. 효능 기대보다 결과 기대가 높아졌지만 결과 기대가 충족되지 않으면서 일에 대한 흥미는 점점 떨어진 것이다.

타인이 주는 보상은
나의 열정을 지운다

연구에 의하면 내재적 동기로 시작한 활동이 외재적 보상으로 인하여 흥미가 줄어드는 현상은 그 사람이 활동 자체에 흥미를 갖고 있는 과업에만 국한된다.[59] 외재적 보상이 흥미롭지 않은 과업에 흥미를 갖게 하거나 갖고 있던 재미를 손상시키지 않는다. 즉, 외부 보상은 스스로 즐겁고 재미있게 하는 일에 대해서만 영향을 끼칠 수 있다.

로체스터 대학교University of Rochester의 에드워드 데시 Edward Deci와 리처드 라이언Richard Ryan은 1971년 동기 부여 형태가 학습 의지와 능력에 어떤 영향력을 미치는지에 대한 실험을 했다. 실험 참여자들은 플라스틱 조각 7개를 활용해 조립하는 실험에 참가했다. 연구자는 세 번에 걸쳐 각기 다른 지시를 했다. 첫 번째는 연구자가 자리를 비우면서 '각자 만들고 싶은 대로 만들면 된다'고 참여자에게 말했다. 그러자 실험 참여자들은 248초간 조립에 매달렸다. 두 번째 실험에서는 사진들을 보여 주며 사진에 담긴 모습대로 조립에 성공하면 한 개당 1달러씩 주겠다고 했다. 참여자들은 첫 번째 실험보다 26%나 더 많은 시간인 313초간 조립에 매달렸다. 세 번째 실험에서는 이제 돈이 떨어져서 돈을 줄 수 없다고 했다. 그랬더니 실험 참여자들은 첫 번째 시도보다 20% 짧고 두 번째 실험보다 37%나 더 짧은 시간인 198초만 조립에 매달렸다.

실험 참여자들은 처음에는 조립 자체에 재미를 느끼고 자발적으로 참여하고 적극적으로 다양한 조립을 했다. 두 번째 실험에서는 인센티브 때문에 조립하는 데 조금 더 몰입을 했지만, 아예 그 인센티브를 없애자 조립 자체에 대한 흥미를 잃었다. 이처럼 적절하지 않은 보상은 애초에 있던 동기도 없애버릴 수 있다. 결국 '월급날이 내 삶의 낙이지'라고 생각하는 것보다 '회사에서 하는 일이 나를 성장시키는 경험'이라고 생각하는 것이 일에 대한 재미를 유지하는 방법이다. 여기서 중요한 것은 자신 스스로 성장하고 능력이 향상되었다고 느끼는 것이다. 물론 자신의 능력이 향상됨을 느끼고 보상도 있다면 더 큰 기대를 하면서 지속적으로 노력할 수 있다. 그러나 자신의 능력이 향상되었다는 느낌이 없는 상태로 인센티브를 받거나 보상을 받는 것에 집중하면 일에 대한 흥미는 점점 떨어진다. 자신에 대한 효능 기대와 일에 대한 결과 기대가 적절히 균형을 이뤄야 한다.

앞서 말했듯 동기 연구에서 가장 근본적인 주제는 '그 행동을 하는 원인이 무엇인가', '그 행동에 대한 노력의 정도가 왜 변하는가'이다. 동기의 첫 번째 근본적인 주제인 '무엇이 행동을 일으키는가?'는 달리 말하면 '왜 그는 그 행동을 했는가. 그 시간에 그 행동을 하는 것은 무엇을 원하기 때문인가'이다. 이는 동기가 어떻게 행동의 흐름에 관여하고 영향을 주며 행동을 지속시키는지 이해하는 것이다. 우리는 흔히 '돈을 버는 일은 재미가 없고, 재미가 있는 일에는 돈을 써야 한다'고 말한다. 재미있는 일은 돈을 쓰면서라도 열정을 다해서 노력하지만 돈을 벌더라도 재미가 없으면 열정을 다하지 않는다는 의미이다.[60] 그러나 여러 실험과 연구들이 보여주듯, 사람이 모든 일에 재미, 흥미, 열정을 가질 순 없지만 자신이 하고자 하는 일에서 만큼은 재미와 즐거움을 느껴야 더 행복할 수 있다. 아무리 연봉이 높은 일이라고 해도 자신이 흥미와 즐거움을 느끼지 않으면 열심히 일을 하지 않게 된다. '돈만 많이 주면 열심히 일할 수 있겠다'는 말은 머리가 하는 말이지, 사실 우리 마음은 그렇지 않다.

무엇이 나를
행복하게 만드는가

　행복이라는 단어를 떠올리면 우리는 흔히 자신이 힘들게 노력하지 않아도 필요한 것이 다 갖춰져 있고, 하고 싶은 것을 다 할 수 있는 환경을 생각한다. 하고 싶은 것을 다 하기 위해서는 돈이 있어야 하고, 그래서 돈이 많으면 행복하게 살 수 있다고 생각한다. 이렇게 자신이 원하는 것을 모두 가지면서 좋은 경험만 하는 삶을 행복한 삶이라고 여기는 것을 '쾌락주의적 행복'이라고 부른다.[61]

　쾌락주의적 행복의 관점은 주관적 안녕감Subjective Well-being, SWB으로 측정한다.[62] 삶에 대한 만족감, 즐거움, 재미 등 긍정적인 감정이 많고 압박감, 괴로움 등 부정적인 감정이 없는 상태가 주관적인 안녕감이다. 요즘 많은 이들이 자신이 원하는 취미 생활을 돈 걱정 없이 마음껏 하고, 갖고 싶은 물건 모두 구매하고, 유학이나 해외여행 등을 마음 편하게 갈 수 있으면 행복하다고 생각한다. 그러나 이 모든 것을 걱정 없이 할 수 없기 때문에 일상의 작지만 소소한 행복인 '소확행'을 추구한다. 결국 성취감은 크겠지만 과연 성취할 수 있을지, 그 성취가 진정 행복을 줄지 의심되는 집 구매, 대기업 취업 등 불확실한 행복을 추구하기보다는 일상의 작지만 성취하기 쉬운 행복이 진정한 행복이라고 생각하는 것이다. 소확행도 결국 쾌락주의적인 행복이다. 자신의 미래를 위해서 저축을 하는 것보다는 미래를 포기하고 취미 생활을 하고 여행을 다니면서 삶의 질이 올라갔다고 말하는 사람들이 있다. 쾌락주의적인 행복은 지금 현재 자신을 행복하게 만든다.

모든 것이 완벽하게 준비되어 있고 일상에서 괴로움, 힘듦 등 부정적인 일이 일어나지 않으면 무조건 행복한 것일까. 마약과 같이 지금은 아주 만족스러운 행복을 주지만, 삶이 발전하는 데 도움을 주지 않거나 삶에는 의미가 없는 것들이 있다. 2차 세계 대전 이전의 심리학은 불행과 행복의 구분점을 '0 zero'이라고 설정하고, '0 이하'의 삶을 다루면서 인간의 슬픔과 괴로움에 대해 연구하거나 혹은 불행을 끌어올려서 0으로 만드는 연구를 진행했다. 행복의 관점도 마찬가지 맥락이다. '현재 불행하지 않으면 행복한 것이다'라는 관점은 이러한 과거 심리학의 맥락과 함께한다.

그러나 인간은 아프지 않고 불행이 없는 상태만을 추구하지 않는다. 힘들고 괴로워도 의미와 목적이 있는 삶을 지향한다. 에이브러햄 매슬로Abraham H. Maslow는 인간의 욕구를 5단계로 정리했다. 가장 기초적인 욕구인 생리적 욕구가 충족되면 인간은 안전해지려는 욕구를 갖는다. 이후에는 사랑과 소속 욕구, 더 나아가 다른 사람에게 존경을 받고 싶어 하는 존경 욕구, 마지막으로 자아실현 욕구를 충족시키기 위해 노력한다. 인간은 이렇게 점차 성장하는 삶을 추구한다.

부모는 아이를 돌보느라 잠도 못 자고, 온종일 울고 있는 아이를 달래다가 녹초가 되기도 한다. 아이를 키우는 것 자체는 즐거움과 기대감을 주기보다는 고통스럽고 힘든 과정이다. 그러나 부모는 자녀를 키우는 과정을 통해서 가장 깊은 만족감과 삶의 의미를 느낀다. 이렇게 쾌락은 없지만 삶의 의미를 느낄 수 있어서 기꺼이 자녀를 키우는 부모의 심

리를 '부모 역할의 역설Parenthood Paradox'이라고 한다.[63]

쾌락주의적 행복과는 달리 삶의 의미와 활력, 자기 성장으로 인한 행복을 '자기실현적 행복'이라고 한다. 자신이 추구하는 삶의 목표와 이상을 이루면서 만족감과 충만감이 그 사람을 행복하게 만드는 것이다. 자신의 존재 의미를 스스로 만들어 가는 삶에서 무언가를 느끼고 성장하면서 자신의 잠재력을 깨닫고 그것을 온전히 추구할 때 사람은 심리적인 만족감과 안녕감을 느낀다.[64]

쾌락주의적 행복과 자기실현적 행복은 서로 다르지만, 이 두 가지 모두 자기 수용, 환경 통제감, 긍정적 대인관계를 필요로 한다. 어떠한 행복을 추구하느냐는 개인의 선택이지만, 가장 좋은 방법은 두 가지를 동시에 추구하는 것이다. 가장 불행한 사람은 미래에 대한 투자나 성장에 대해 기대하는 것을 불행하다고 느끼면서 소소하지만 확실한 행복도 챙기지 못하는 사람이다. 그렇다고 아무것도 노력하지 않아도 편안하게 쉬기만 하는 것은 지속 가능한 행복이 아니다.

학자들은 전 세계적으로 행복한 사람들과 행복하지 않은 사람들을 연구한 끝에 행복한 사람의 특징을 찾았다. 행복한 사람들은 불행한 사람보다 일상에서 긍정적인 감정을 훨씬 많이 느낀다. 슬픈 일이 있더라도 자신의 부정적인 감정을 잘 다스리면서 감사, 만족, 희망과 같은 긍정적인 감정을 느끼려고 노력한다. 모든 것을 갖추지 않는 지금 상태, 지금은 조금 부족하지만 자신의 꿈과 목표를 이루기 위해서 몰입하는 과정에서 사람들은 행복감을 느낀다. 행복은 목표를 달성하기 위해서 노력하고 점점 나아지기 위해서 적극적으로 삶을 살아가면서 얻는 만족감이다. 만족감을 얻기 위해서 삶을 유지할 수 있는 돈도 필요하고 좋은 인간관계도 필요하고, 직장도 필요하고, 환경도 필요하고, 노력도 필요하다. 이러한 조건들을 형성하고 유지하는 과정에서 삶의 의미를 찾는 것이 바로 행복이다.

노래방을 가면 몰입해서 목이 터지게 노래를 불러야 노래방에서 있었던 시간이 즐겁고, 여행을 가서 그 나라의 다양한 문화를 충분히 체험해야 여행이 아쉽지 않다. 우리의 삶도 마찬가지이다. 자신의 삶에 적극적으로 뛰어 들고 몰입해서 발 벗고 나서고 열심히 부딪치고 성취하기도 하면서 성장해 나갈 때 진정한 행복 속에서 진짜 삶을 살 수 있을 것이다.

Part 1. 회사만 가면 나는 왜

1) Festinger, L. (1957). *A Theory of Cognitive Dissonance.* Stanford, CA: Stanford University Press.

2) Peterson, C., Maier, S. F. & Seligman, M. E. P. (1993). *Learned Helplessness: A Theory for the Age of Personal Control.* New York: Oxford.

3) Deci E. L. (1995). *Why We Do What We Do: Understanding Self-motivation.* New york: penguin Books.

4) Rosenhan. D. L., & Seligman, M. E. P. (1984). *Abnormal Psychology.* New York : W. W. Norton.

5) Diener, C. I, & Dweck, C. S. (1978). Analysis of Learned Helplessness: Continuous Changes in Performance, Strategy, and Achievement Cognitions Following Failure. *Journal of personality and Social Psychology, 36,* 451-462.
Diener, C. I, & Dweck, C. S. (1980). Analysis of Learned Helplessness: Ⅱ. The Processing of Success. *Journal of Personality and Social Psychology, 39,* 940-952.

6) Flett, G. L., Hewitt, P. L., & Martin, T. R. (1995). Dimensions of Perfectionism and Procrastination. In J. R. Ferrari, J. L. Johnson, & W. G. McCown, (Eds.), *Procrastination and Task*

Avoidance: Theory, Research, and Treatment. (pp. 113-136). New York: Plenum Press.

7) 6과 동일

8) 6과 동일

9) Gray, J. R., Braver, T. S., & Raichle, M. E. (2002). Integration of Emotion and Cognition in Lateral Prefrontal Cortex. *Proceedings of the National Academy of Sciences, 99,* 4115-4120.

10) Fritz, H. (1958). *The Psychology of Interpersonal Relations.* New York: Wiley.

11) Jones, E. E., & Harris, V. A. (1967). The Attribution of Attitudes. *Journal of Experimental Social Psychology, 3(1),* 1-24.

12) Avu-Lughod, L. (1986). *Veiled Sentiments.* Berkeley: University of California Press.
    Menon, U., & Shweder, R. A (1994). Kali's Tongue: Cultural Psychology, Cultural Consensus and the Meaning of "Shame" in Orissa, India. In H. Markus & S. Kitayama (Eds.) *Emotion and Culture: Empirical Studies of Mutual Influence* (pp. 241-284). Washington, DC: American Psychological Association.; Russell, 1991.

13) Matsumoto, D. (1996). *Culture and Psychology.* Pacific Grove, CA: Brooks Cole.

14) Matsumoto, D. (1990). Cultural Similarities and Differences in Display Rules. *Motivation and Emotion, 14(3),* 195-214.

15) Trompenaars, F. (1994). *Riding the Waves of Culture: Understanding Diversity in Global Business.* London: Irwin Professional Publishing.

16) Agnati, L. F., Bjelke, B., & Fuxe, K. (1992). Volume Transmission in the Brain. *American Scientist, 80,* 362-373.

17) Davis, M. (1997) Neurobiology of Fear Responses: The Role of the Amygdala. *Journal of Neuropsychiatry and Clinical Neurosciences, 9,* 382-402.

18) Huether, G. (1998). Stress and the Adaptive Self-organization of Neuronal Connectivity during Early Childhood. *International Journal of Developmental Neuroscience, 16,* 297-306.

19) Lazarus, R. S. (1991). Cognition and Motivation in Emotion. *American Psychologist, 46,* 352-367.

20) Selye, H. (1936). A Syndrome Produced by Diverse Nocuous Agents. *Journal of Reprinted by Permission from Nature, 138,* 32.

21) Herman, P. (2007). Hip Extensor Mechanics and the Evolution of Walking and Climbing Capabilities in Humans, Apes, and Fossil Hominins. *Proceedings of the National Academy of Sciences of USA, 115(16),* 4134-4139.

22) Shatz, C. J. (1992). Dividing up the Neocortex. *Science, 258,* 237-238.

23) Azari, N. P., & Seitz R. J. (2000). Brain Plasticity and Recovery from Stroke. *American Scientist, 88,* 426-431.

24) Eisenstein, E. L. (1980). *The Printing Press as an Agent of Change.* Cambridge University Press, 152.

25) Doidge, N. (2007). *The Brain That Changes Itself.* Penguin USA, 59.

26) Torkel Klingberg. (2009). *The Overflowing Brain: Information*

Overload and the Limits of Working Memory. Oxford University Press, 166-167.

27) Ericsson, K. A., & Charness, N. (1994). Expert Performance: It's Structure and Acquisition. *American Psychologist, 49,* 725-747.

28) Katie Hafner. (2009, May 25). Texting May Be Taking a Toll. New York Times. Retrieved from https://www.nytimes.com/2009/05/26/health/26teen.html.

29) Baumeister, R. F. (1982). A Self-presentational View of Social Phenomena. *Psychological Bulletin, 91,* 3-26.

30) Freudenberger, H. J. (1974). Staff Burnout. *Journal of Social Issues, 30,* 159-165.

31) Maslach, C., Jackson, S. E., Leiter, M. P. (1996-2016). *Maslach Burnout Inventory Manual* (Fourth Edition). Menlo Park, CA: Mind Garden, Inc.

32) Maslach, C., & Leiter, M. P. (2016). Understanding the Burnout Experience: Recent research and Its Implications for Psychiatry. *World Psychiatry, 15,* 103-111.

33) Taylor, S. E., Sears, D. O., & Peplau, A. L. (2002). *Social Psychology.* New Jersey: Prentice-Hall.

34) Kenrick, D. T., Neuberg, S. L., & Cialdini, R. B. (2005). *Social Psychology: Unraveling the Mystery.* Auckland, New Zealand: Pearson Education.

35) Gallagher, R. P., Golin, A., & Kelleher, K. (1992). The Personal, Career, and Learning Skills Needs of College Students. *Journal of College Student Development, 33(4),* 301-310.

36) Solomon, L. J., & Rothblum, E. D. (1984). Academic Procrastination: Frequency and Cognitive-Behavioural Correlates. *Journal of Counseling Psychology, 31(4),* 503-509.

37) 임성문. (2007). "감각 추구, 실패 공포, 완벽주의와 대학생의 만성적 지연 행동 간의 관계 : 자기 효능감의 매개 효과." 한국청소년연구, 18, 324.

38) Milgram, N. A., Sroloff, B., & Rosenbaum, M. (1988). The Procrastination of Everyday Life. *Journal of Research in Personality, 22(2),* 197-212.

39) Steel, P. (2007). The Nature of Procrastination: A Meta-analytic and Theoretical Review of Quintessential Self-regulatory Failure. *Psychological Bulletin, 133(1),* 65-94.

40) Schraw, Gregory., Wadkins, Theresa., & Olafson, Lori. (2007). Doing the Things We Do: A Grounded Theory of Academic Procrastination. *Journal of Educational Psychology, 99(1),* 12-25.

41) 36과 동일

42) Samuelson, W,. & Zeckhauser, R,. (1998). Status quo bias in Decision Making. *Journal of Risk and Uncertainty.*

43) 리처드 H. 탈러, 캐스 R. 선스타인 저, 안진환, 최정규 역, 『넛지』, 리더스북, 2009.

Part 3. 귀차니즘을 이기는 지속가능한 삶을 위한 기술

44) Kahneman, Daniel., & Amos, Tversky. (1979). Prospect Theory : An Analysis of Decision Under Risk. *Econometrica, 47(2),* 263-291.

45) Cannon, W. B. (1932). *The Wisdom of the Body.* New York:

Norton.

46) Murray, H. A. (1937). *Explorations In Personality.* Oxford University Press.

47) Deci, E. L., & Ryan, R. M. (1987). The Support of Autonomy and the Control of Behavior. *Journal of Personality and Social Psychology, 53(6),* 1024-1037.

48) Elliot, A. J. (1999). Approach and Avoidance Motivation and Achievement Goals. *Educational Psychologist, 34,* 169-189.

49) Pelletier, L. G., Sharp, E. C., Blanchard, C. M., Otis, N., Levesque, C., & Amyot, C. (2004). *The General Self-Determination Scale : Its Validity and Usefulness in Predicting Success and Failure at Self-regulation.* Manuscript submitted for publication, University of Ottawa.

50) Kimble, G. A. (1990). Mother Nature's Bag of Tricks is Small. *Psychological Science, 1,* 36-41.

51) Elliot, A. J., Sheldon, K., & Church, M. (1997). Avoidance Personal Goals and Subjective Well-being. *Personality and Social Psychology Bulletin, 23,* 915-927.

52) Carver, C. S. (2006). Approach, Avoidance, and the Self-regulation of Affect and action. *Motivation and Emotion, 30,* 105-110.

53) Vallerand, R. J., (1997). Toward a Hierarchical Model of Intrinsic and Extrinsic Motivation. In M. P. Zanna (Ed.), *Advances in Experimental Social Psychology* (Vol. 29, pp. 271-360). San Diego, CA: Academic Press.

54) Deci, E. L., & Ryan, R. M. (1985b). *Intrinsic Motivation and*

Self-determination in Human Behavior. New York: Plenum Press.

55) Byrne, J., & Welsh, J. (2001). *Jack: Straight from the Gut.* New York: Warner Books.

56) Amabile, T. M., Dejong, W., & Lepper, M. R. (1976). Effects of Externally-imposed Deadlines on Subsequent Intrinsic Motivation. *Journal of Personality and Social Psychology, 34,* 92-98.
Johnmarshall Reeve. (2011). *Understanding Motivation and Emotion.* 101-145.

57) Baldwin, J. D., & Baldwin, J. I. (1986). *Behavior Principles in Everyday Life.* Prentice-Hall.

58) Montague, P. R., Dayan, P., & Sejnowski, T. J. (1996). A Framework for Mesencephalic Dopamine Systems based on Predictive Hebbian Learning. *Journal of Neuroscience, 16,* 1936-1947.

59) Reeve, Johnmarshall. (2014). *Understanding Motivation and Emotion.* New York: Wiley.

60) Bandura, A. (1997). *Self-efficacy: The Exercise of Control.* New York: W. H. Freeman.

61) Deci, E. L., Koestelr, R., & Ryan, R. M. (1999). A Meta-analytic Review of Experiments Examining the Effects of Extrinsic Rewards on Intrinsic Motivation. *Psychological Bulletin, 25,* 627-668.

62) Reeve, Johnmarshall. (2014). *Understanding Motivation and Emotion.* New York: Wiley.

63) Deci, E. L., & Ryan, R. M. (1982). The Support of Autonomy and the Control of Behavior. *Journal of Personality and Social Psychology, 53,* 1024-1037.

64) Diener, E., & Emmons, R. A. (1984). The Independence of Positive and Negative Affect. *Journal of Personality and Social Psychology, 47,* 105-1117.

65) Baumeister, R. F., & Campvell, W. K. (1999). The Intrinsic Appeal of Evil: Sadism, Sensational Thrills, and Threatened Egotism. *Personality and Social Psychology Review, 3,* 210-221.

66) Ryff, C. D., & Keyes, C. L. M. (1995). The Structure of Psychological Well-being Revisited. Journal of *Personality and Social Psychology, 69(4),* 719-727.

67) Ryan, R. M., & Deci, E. L. (2001). On Happiness and Human Potentials: A Review of Research on Hedonic and Eudaimonic Well-being. *Annual Review of Psychology, 52,* 141-166.